Grundlagen der ayurwedischen Kochkunst

Harish Johari

Grundlagen der ayurwedischen Kochkunst

Die Philosophie und Praxis
der vegetarischen Küche
Indiens

WINDPFERD
Verlagsgesellschaft mbH.

Der Autor:
Harish Johari, geboren im Mai 1934 in Nordindien, ist ein bekannter Autor, Philosoph, Maler, Musiker, Bildhauer und Dozent. Nach dem Abschluß seines Physik; Chemie- und Biologiestudiums erwarb er seinen ›Master der Philosophie und Literatur‹.

Johari widmete sich besonders den Studien des Jain Tantra und des Hindu Tantra. Er lebte und arbeitete einige Jahre in den USA, wo er erfolgreich an Untersuchungsprojekten zusammen mit Doktoren, Psychologen, Musikern, Künstlern und Schriftstellern wirkte.

In seiner Heimat Indien widmet er sich hauptsächlich bildhauerischen Arbeiten in einem Tempel – diese Tätigkeit ermöglicht ihm, in engeren Kontakt mit Heiligen, Tantrischen Heilern und Ayurwedischen Ärzten zu treten. Dadurch erwarb er sich das praktische traditionelle Wissen des altindischen Heilsystems »Ayurweda«, und die Anwenduing der Yantras, Mantras, Edel- und Halbedelsteine zur Heilung.

1. Auflage 1988
2. Auflage 1990
3. Auflage 1993

Umschlaggestaltung: Wolfgang Jünemann
Zeichnungen im Innenteil: Shri Chandra Bal
Aus dem Englischen übertragen von Heidegret Rauhut
Gesamtherstellung: Schneelöwe Verlagsberatung, D-87648 Aitrang
ISBN 3-89385-026-0

Printed in Germany

INHALTSVERZEICHNIS

AYURWEDA

...ist das älteste System der indischen Medizin, das den Menschen als lebendigen Organismus versteht, sein körperlich-geistiges Verhalten beobachtet und Wege und Methoden beschreibt, die dem Menschen die Möglichkeit bieten, mit seiner Umwelt in Harmonie zu gelangen, damit er glücklich, gesund und inspiriert leben kann.

Große Bedeutung wird der Ernährungsweise zugeschrieben, den Zyklen der Jahreszeiten, dem Erwachen vor Sonnenaufgang, der Massage und anderen nützlichen Praktiken, die das tägliche Leben bereichern.

Ebenso sind Krankheitsbilder, ihre Diagnose und Heilung Bestandteil der Ayurweda, außerdem die Ausführung von Operationen und plastischen Techniken.

Ayur bedeutet »Leben« und Weda ist die »Wissenschaft«. »Ayurweda« heißt also »Die Wissenschaft vom Leben«.

UNANI-TIB

...ist das griechische System der Medizin, das gleichermaßen umfassend und reich an Erkenntnissen ist, wie das ayurwedische System. Beide Systeme stimmen bis auf kleinere Unterschiede überein. Sie gleichen sich völlig in der Art, den Körper zu definieren, und auf die Temperamente, den Puls und die Ernährungsweise einzugehen.

Unani heißt »griechisch« und Tib bedeutet »Medizin«.

In Indien werden beide Systeme praktiziert.

EINFÜHRUNG

Nahrung ist Energie und Energie ist Lebenskraft. Die Nahrung, die wir zu uns nehmen hat einen beträchtlichen Einfluß auf unseren Körper; und unser seelisch-geistiges Wohlbefinden wird weitgehend von der Chemie unseres Körperhaushaltes bestimmt. Zur Erhaltung körperlicher, seelischer und geistiger Harmonie ist es hilfreich, sich über das Wesen dessen, was wir zu uns nehmen, bewußt zu sein.

Bewußte Ernährungsweise ist etwas sehr Persönliches. Nicht jeder Mensch hat denselben körperchemischen Haushalt und es ist nicht ratsam, die Nahrungsauswahl allein nach dem Geschmack zu treffen. Zweck der Nahrung ist es, das System gesund zu erhalten. Und nur durch eine harmonische Ernährungsweise, die den Körper mit notwendigen Nährstoffen versorgt (ohne gleichzeitig Giftstoffe in den Körperhaushalt zu bringen), ist dies möglich. Es ist also wichtig, darauf zu achten, was wir essen, doch genauso wichtig ist es, unser eigenes Temperament zu kennen.

Für die moderne Ernährungswissenschaft sind beispielsweise Kalorien (Wärmeeinheiten) ein Maßstab für die notwendige Energiemenge, die ein Körper braucht, um gesund zu bleiben. Dabei wird allerdings das *individuelle Temperament* unberücksichtigt gelassen. Man geht lediglich von der Annahme aus, daß jeder Körper fünf verschiedene Nährstoffe (Kohlenhydrate, Eiweiße, Fette, Vitamine, Mineralstoffe) braucht, und daß Energie das wichtigste ist, was wir der Nahrung entnehmen. Man geht davon aus, daß ein erwachsener Mensch etwa 1500 Kalorien als Grundenergie während des Schlafes benötigt. Weitere 1100 bis 1300 Kalorien sind für die Ausführung normaler körperlicher Tätigkeiten erforderlich. Zusammen entspricht dies einem Gesamtkalorienwert von etwa 2600 bis 2800 Kalorien. Zierlich gebaute Frauen verbrauchen etwas weniger Kalorien, außer während der Schwangerschaft und der Stillzeit. Das individuelle Temperament wird bei diesen Berechnungen außer acht gelassen. Die Tatsache, daß sich alle Individuen voneinander unterscheiden, wird ignoriert. Obgleich Begriffe wie »individueller Bedarf« und »individuelle Unterschiede« verwendet werden, gibt es keine eindeutige Beschreibung darüber und es existieren lediglich noch grobe Mittelwerte von Alter, Größe und Gewicht zur individuellen Bestimmung.

Ayurweda, das altindische Heilsystem und andere klassische Heilsysteme stützen sich auf die drei Humoren bzw. Temperamente, um die individuellen Unterschiede zu verstehen. Je nachdem, ob die Körperluft, die Galle oder der Schleim im chemischen Körperhaushalt überwiegen, wird das Temperament und damit die Ernährungsweise und viele andere Lebensgewohnheiten bestimmt. Ayurweda bevorzugt die Ernährung mit Lebensmitteln, die natürlich im näheren Lebensraum des Individuums angebaut wurden und gewachsen sind, und berücksichtigt klimatische Bedingungen bei der Auswahl und Verwendung von Nahrungsmitteln.

Darum sollten wir uns sowohl die neuesten als auch die klassischen wissenschaftlichen Erkenntnisse zunutze machen und unsere Nahrung so zusammenstellen, daß sie uns einerseits die notwendigen Nährstoffe liefert, die wir aus den Kohlenhydraten, Eiweißen, Fetten, Vitaminen und Mineralstoffen beziehen, und andererseits unserem Temperament entspricht.

Wenn wir jedoch auf Fertigprodukte zurückgreifen und versuchen, ein Gleichgewicht in unserem chemischen Körperhaushalt herzustellen, indem wir der Gebrauchsanweisung auf der Verpakkung folgen, werden wir auf die Dauer nicht sehr erfolgreich sein. Wir müssen bedenken, daß die Lebensmittel zur Aufbewahrung und Lagerung bis zum Verkaufs- und Verbrauchszeitraum konserviert werden müssen. Diese Konservierungsstoffe können unter Umständen schädlich sein.

Wichtig ist, daß die notwendigen Nährstoffe aus der Natur und aus organisch gewachsenen Nahrungsmaterialien stammen. Um zu verstehen, was der eigenen Körper benötigt und will, ist es am besten, die Nahrung selbst zuzubereiten und dabei dem eigenen Gefühl zu folgen. Danach ist es ratsam, zu beobachten, wie der Körper auf die jeweilige Nahrung reagiert. Wir sollten nicht allein um des Geschmackes willen, oder um den Kalorienbedarf zu decken, essen. Weisheit liegt im Weg der Mitte. Alles spielt eine Rolle, auch der Geschmack und das Aroma. Man muß ja nicht gleich zum Fanatiker werden, nur weil man weiß, daß alles, was wir essen, eine spezifische Wirkung hat. Manche Lebensmittel können roh gegessen werden, andere müssen gedämpft, gekocht, gedünstet oder gebacken werden. Nicht alle Lebensmittel können auf die gleiche Weise behandelt werden, auch sie haben ein individuelles Temperament.

Kohlehydrate (Stärken und Zucker) liefern Brennstoffe für unsere Körperaktivitäten. Reis, Weizen, Getreide und Zucker sind kohlehydratreiche Quellen. Ein Mangel an Kohlehydraten hat Gewichtsverlust und Schwäche zur Folge. Eiweiße dienen dem Aufbau und der Erneuerung von Körpergeweben und können im Bedarfsfall vom Körper in Kalorien (Wärmeeinheiten) umgewandelt werden. Hülsenfrüchte, Nüsse und Milchprodukte sind hochwertige Eiweiß-Lieferanten. Eiweißmangel hemmt das Körperwachstum. Fette und Öle sind sowohl Vitamin- als auch Kalorienträger. Ein Mangel an Fetten und Ölen verursacht trockene Haut und Gewichtsverlust. Vitamine allein liefern keine Energie, doch sie unterstützen den ordnungsgemäßen Ablauf der einzelnen Körperfunktionen. Vitamine sind unentbehrlich für das Wachstum, das Augenlicht, die Haut, die Zähne und Knochen, zur Bildung roter Blutkörper und zur ordentlichen Aufnahme von Kohlehydraten. Sie verleihen dem Körper Widerstandskraft und schützen den Organismus vor Infektionsherden. Grüne Blattgemüse, gelbe Früchte, Zitrusfrüchte, gekeimte Hülsenfrüchte, Milchprodukte sowie Nüsse und Samen sind wertvolle Vitaminquellen. Kohlehydrate, Eiweiße und Fette benötigt der Körper in größeren Mengen. Vitamine und Mineralstoffe werden dagegen in relativ kleinen Mengen gebraucht. Wenn wir uns angewöhnen, Kohlehydrate, Eiweiße, Fette, Vitamine und Mineralstoffe in den notwendigen Mengen zu verwenden, indem wir täglich regelmäßig Stärken, Zucker, Hülsenfrüchte, grüne Blattgemüse, weiche Gemüsesorten, Salate, Milchprodukte, Nüsse, Samen und Früchte in entsprechenden Mengen verzehren, werden kaum Körperfunktionsstörungen auftreten können. Der regelmäßige Verzehr von Früchten,

Nüssen und Salaten liefert eine ausreichende Menge an Nährstoffen. Obst, Nüsse und Salate können roh gegessen werden, damit kein Vitaminverlust entsteht. Kohlehydrate und Stärken können gekocht verwendet werden.

Gedünstete Gemüse werden durch das Zufügen von Gewürzen aufgewertet, denn Gewürze sind konzentrierte Chemikalien, die bei der ordentlichen Verdauung und Assimilierung der Nahrung helfen.

Speisen sollten gutaussehend, angenehm duftend, richtig gekocht, appetitanregend, bekömmlich und schmackhaft sein. Sie sollten leicht verdaulich sein und dem Körper die notwendigen Energien liefern, damit wir gesund, glücklich und inspiriert leben können.

Um ein besseres Verständnis für die einzelnen Gewürze und ihre spezifische Wirkung zu vermitteln, wurde das Wissen des ayurwedischen Systems hinzugezogen und dargelegt. Neben zahlreichen Informationen zur Lebensmittelheilkunde und Ernährung enthält dieses Buch:

- eine detaillierte Beschreibung der drei Gunas (Energiequalitäten) – Sattva, Rajas und Tamas
- Erklärungen zur Beziehung der einzelnen Nahrungsmittel und der Gunas
- Erläuterungen zur Rolle des Geschmackssinnes und des Aromas
- den Schlüssel zur Bestimmung des individuellen Temperaments und entsprechende Ernährungsvorschläge
- Vorschläge zur Ernährung im Hinblick auf die verschiedenen Tages- und Jahreszeiten
- detaillierte Beschreibungen der einzelnen Gewürze.

Gewürze bewirken eine alchimistische Veränderung der Speisen und machen sie schmackhaft, aromatisch und appetitanregend.

Kochen ist Alchimie.
Kochen ist Tantra.
Kochen ist Gottesdienst...

Kochen ist Alchimie, weil durch das Zufügen von Gewürzen, Salz, Mineralstoffen und anderen Zutaten eine neue Art von

Energie entsteht, die davor nicht vorhanden war. Das Kochen der Nahrung gleicht die Natur der Lebensmittel aus und macht die Speisen für die jeweilige Körperchemie des Essers bekömmlicher. Nicht alle Nahrungsmittel wirken auf alle Menschen in gleicher Weise. Bestimmte Gewürze und Mengenverhältnisse von Salz, Fett und Zucker sind nicht für jedermann gleich gut verträglich. Jeder Mensch hat ein Lieblingsgericht, einen bestimmten Geschmack, den er bevorzugt, ein Lieblingsaroma, ein Lieblingsgemüse, -getreide oder eine Lieblingsfrucht. Durch das Kochen kann die Nahrung derart verwandelt werden, daß sie bestimmte Bedürfnisse erfüllt, den bevorzugten Geschmack erhält und gut verdaulich wird. Der alchimistische Aspekt der Nahrung ist das Ergebnis verschiedener Verbindungen. Nüsse erhalten beispielsweise durch das Zufügen von Trockenobst (Rosinen, Aprikosen etc.) einen höheren Nährwert. Beim Zerkauen von Nüssen mit Trockenobst findet im Mund in Verbindung mit dem Speichel eine chemische Reaktion statt, so daß die Nuß-Trockenobst-Mischung in ein schmackhaftes, energiespendendes Nahrungsmittel verwandelt wird.

Um den Speichelfluß zu verstärken, müssen Speicheldrüsen und Geschmackspapillen angeregt werden. Das geschieht mit Hilfe von Gewürzen.

»Das Kochen läßt die Nahrung reifen«, stellt Dr. Hauschka in seinem Buch »Ernährungslehre« fest. Er betrachtet das Kochen der Nahrung als eine Fortsetzung des lebensspendenden Reifungsprozesses der Sonnenwärme. Hindu-Schriften erwähnen: »Was die Sonne am Himmel ist, ist das Feuer auf der Erde«. Feuer ist solare Energie. Nahrungsmittel brauchen diese Energie, damit sie reifen und die Beschaffenheit erreichen, die für den menschlichen Organismus bekömmlich ist. (Daraus ist zu schließen, daß das Kochen auf offenem Feuer zu bevorzugen ist, denn nur dann kann vom Zufügen solarer Energie die Rede sein!)

Unser Körper ist eine Verbindung winzigster elektrisch geladener Zellen. In vielfältigen Verbindungen bilden diese zahlreichen verschiedenartigen Zellen Gewebe, Muskeln, Fasern, Knochen, Organe und die Strukturen des Organismus. Wachstum, Wiederaufbau und Entwicklung des Körpers hängen von der Energie ab, die uns die Nahrung liefert.

Nicht alle Nahrungsmittel, die wir zu uns nehmen, müssen notwendigerweise gekocht werden. Rohe Nahrungsmittel versorgen uns mit dem, was die Natur uns zu schenken vermag. Was immer die Natur nicht bieten kann, erhalten wir, indem wir unsere Kost mit gekochten Speisen ergänzen.

Meisterschaft im Kochen kann nur erreicht werden, wenn der Koch die chemische Natur der Nahrungsmittel kennt. Der Schlüssel dazu liegt im Geschmack! Jeder Mensch kann sechs Geschmacksrichtungen empfinden (süß, sauer, salzig, bitter, beißend-scharf und metallisch). Jedem Geschmack entspricht eine chemische Eigenschaft.

Sobald wir wissen, welche Wirkung ein bestimmter Geschmack auf die Elemente des Körpers (Luft, Galle, Schleim) hat, können wir die Beziehung der Nahrung zum Körper bewußter sehen. Wenn ein Koch das Temperament der Menschen kennt, für die er kochen wird, sowie die Natur der Lebensmittel, die ihm zur Verfügung stehen, kann er mit dem alchimistischen Spiel des Kochens beginnen.

Die Meinung, daß das Kochen der Nahrung möglichst vermieden werden sollte, damit der Vitamin- und Mineralstoffgehalt erhalten bleibt, ist weit verbreitet. Dieser Auffassung steht die Tatsache gegenüber, daß Lebensmittel grundsätzlich in zwei Gruppen einzuteilen sind, und zwar:

1) in jene, die roh genießbar sind und
2) in jene, die roh unbekömmlich sind.

Früchte, Nüsse, Samen, Milchprodukte und einige Gemüsesorten können roh gegessen werden. Getreide, getrocknete Hülsenfrüchte, harte Gemüsearten und unreife Früchte werden jedoch erst durchs Kochen weich, schmackhaft und bekömmlich. Hier setzt die Kunst des Kochens ein. Richtiges und gutes Kochen kann nämlich die Nahrung mit den Stoffen, die natürlicherweise nicht in ihr enthalten sind, ergänzen und aufwerten. Umgekehrt aber kann schlechtes Kochen alle in den Nahrungsmitteln enthaltenen natürlichen Stoffe zerstören. Richtige Ernährungsweise und richtiges Kochen spielen eine wichtige Rolle für den Aufbau des Organismus.

Ein guter Koch muß wissen, wie lange die einzelnen Nahrungsmittel kochen müssen, bis sie weich, verdaulich und schmackhaft sind. Weiß er dies, so kann er bestimmen, in welcher Reihenfolge er die Nahrungsmittel in den Kochtopf gibt. Angenommen, wir kochen Bockshornkleeblätter mit Zwiebeln und Kartoffeln: Zwiebeln, die zwar auch roh gegessen werden können, brauchen längere Zeit, um weich zu werden, und müssen deshalb zuerst angedünstet werden. Dann folgen die Kartoffeln, die eine kürzere Kochzeit als Zwiebeln haben, und schließlich die Bockshornkleeblätter, die eine noch geringere Garzeit benötigen als die Kartoffeln.

Das Zufügen von Salz und Gewürzen ist eine Kunst für sich. Proportionssinn und Improvisationstalent sind Voraussetzungen für einen guten Koch. Er muß wissen, welche Gewürze zu den einzelnen Nahrungsmitteln passen, d.h. sie müssen der naturgegebenen chemischen Zusammensetzung der Nahrung entgegenkommen und gleichzeitig dem Temperament desjenigen entsprechen, der sie essen wird.

Auch Kochmethoden spielen eine Rolle. Alle Chemikalien – auch Mineralstoffe und Vitamine – sind wasser- bzw. fettlöslich. Um den größtmöglichen Nutzen aus den in den Lebensmitteln enthaltenen Nährstoffen zu ziehen, ist es ratsam, die Nahrungsmittel schonend auf kleiner Flamme »reifen« zu lassen und nur ein Minimum an Wasser oder Öl zuzufügen.

Töpfe mit dünnem Boden oder aus Aluminium sind zum Kochen ungeeignet.

Die indische Art des Kochens erweckt mitunter den Eindruck, daß hier die Nahrung zu lange gekocht wird. Tatsächlich wird sie aber nur so lange gekocht, bis sie weich, reif, schmackhaft und bekömmlich, also leicht verdaulich, ist. Gemüse werden größtenteils im eigenen Saft gegart. Daß die meisten Gemüsearten sehr viel eigenes Wasser enthalten, sieht man, wenn beim Garen, nach dem Zufügen von Salz, das Wasser aus ihrem Inneren tritt. Salz macht die Speisen weicher, schmackhafter und besser verdaulich. Gewürze dienen zur Geschmacksverbesserung und zur Herstellung eines chemischen Gleichgewichts. Bestimmte Gewürze werden direkt zu Beginn des Kochens in das jeweilige Kochmedium (Öl, Butterschmalz oder Wasser) gegeben, andere werden später zugefügt, etwa nachdem das Gemüse den eigenen Wassergehalt abgesondert hat und bereit ist, Aromastoffe, Geschmacks- und Nährstoffe der Gewürze aufzunehmen. Gewürze, die direkt zu Beginn ins Fett oder Wasser gegeben werden (noch ehe Gemüse oder Hülsenfrüchte in den Kochtopf kommen), verändern die chemische Zusammensetzung des Öls bzw. des Wassers, und das Kochen der Gemüse oder Hülsenfrüchte in dieser Mischung verwandelt die chemische Natur der Nahrung und wertet ihren Nährwert auf.

Gewürze, die zu einem späteren Zeitpunkt oder nach dem Kochprozeß zugefügt werden, enthalten meistens essentielle Öle, die rasch verfliegen. Um diese natürlichen Nährwerte der Gewürze zu erhalten, fügt man sie erst kurz vor dem Servieren zu.

Untersuchungen zum Thema »Die Wirkung des Kochens auf den Nährwert der Nahrung« zeigten, daß nur ein geringer Vitaminverlust durch schonendes Kochen von Gemüsen entsteht. Meistens geht das Vitamin C verloren, und das kann durch das Essen von Rohkost zu den Mahlzeiten, die sich überwiegend aus Früchten der Jahreszeit, Trockenobst und Nüssen zusammensetzen sollte, ausgeglichen werden.

Die Kunst des Kochens und die Alchimie des Kochens liegt in der Zusammenstellung der Nahrungsmittel. Dabei ist auch die Jahreszeit, das Klima und die Tageszeit zu beachten sowie die Körperchemie desjenigen, der essen wird.

Sie sollten die Angst vor dem Kochen mit Gewürzen loslassen und dem Körper nicht diese wichtige Erfahrung von Aromastoffen und Geschmacksempfindungen vorenthalten – Erfahrungen, die man nur über das Essen von Gekochtem machen kann. Geschmacksempfindungen und Aromastoffe befriedigen die Geschmackspapillen, harmonisieren die Körperchemie und regen die Speicheldrüsen an, mehr Verdauungssaft zu produzieren. Gutes Kauen und schmackhafte, leicht verdauliche Gerichte – in angenehmer Atmosphäre genossen – unterstützen die ganzheitliche Entwicklung des Organismus.

Richtiges Garen hilft dem Körper, sein Verdauungsfeuer – und damit Energie – zu sparen, die er sonst verschwenden müßte, um Gemüse und Körner im Magen zu »kochen«, bis sie weich und verdaulich geworden sind. Dieselben Nahrungsmittel, die wir kochen, werden von Tieren roh verzehrt. Sie liefern ihnen animalische Energie. Durch das Kochen und Zufügen von Gewürzen und Aromastoffen ist es dem Menschen möglich, animalische Energie in jene Art von Energie zu verwandeln, die ihm persönlich entspricht.

Ich danke allen, die uns zur Arbeit an diesem Buch inspirierten, ganz besonders danke ich Shri Chandra Bal für die Illustrationen der Früchte und Gemüse.

Harish Johari

DER ORGANISMUS DES MENSCHEN

Die drei Humoren: Wind, Galle & Schleim

Der menschliche Organismus ist aus Flüssigkeiten, Geweben und Fasern, Fett, Knochen, Mark und Samen gebildet. Nach dem altindischen medizinischen Weltbild sind der *Körperwind*, die *Galle* und der *Schleim*, im folgenden *Vayu*, *Pitta* und *Kapha* genannt, drei Regulatoren, die die luftige, feurige und flüssige Form der Lebensenergie repräsentieren, wo immer sie sich selbst im Organismus manifestieren mögen.

Diese drei Prinzipien werden *Humoren* oder aber auch *Doshas* genannt. Sie haben die äußerst entscheidende Aufgabe, den menschlichen Organismus zu regulieren und gesund zu erhalten. Um ein harmonisches Gleichgewicht im Körper herzustellen, müssen die drei Humoren von Grund auf und richtig verstanden werden. Jedes einzelne der drei Prinzipien hat seinen spezifischen Anteil und seine spezielle Aufgabe bei der Erhaltung des Körpers.

Wind (Luft) – Vayu

Die Luft ist der Träger des Körpers. Sie ist trocken, schnell, formlos, locker, schwerelos, kühl und beweglich. Sie paßt ihre Natur veränderten Druck- und Temperaturbedingungen an und befördert alles, was sich mit ihr verbindet. Bewegt sie sich über einen duftenden Blumengarten, so befördert sie den Duft dieser Blumen weiter. Da die Luft ihr eigener Träger ist, beeinflußt sie ungestört die Funktionen verschiedenster Vorgänge im Blutgefäß-,

Verdauungs- und Nervensystem. Alle Bewegungen – bewußte wie unbewußte – werden mit Hilfe der Luft ausgeführt. Sie liefert die Druckkraft für die hydraulischen Pumpen des Blutgefäß- und lymphatischen Systems. Diese Körperluft (Vayu) verteilt sich über den gesamten Körper, sitzt jedoch hauptsächlich in der Hüftgegend und im Unterleib.

Ihrem Wesen nach eine Einheit, wird diese Luft in fünf verschiedene Kategorien unterteilt, entsprechend ihrer Lage und Bewegungsrichtung im Körper: 1. Prāna, 2. Udāna, 3. Samāna, 4. Vyāna, 5. Apāna

1. Prāna

Als Körperluft hat Prāna Vayu eine erstrangige Bedeutung. Sie ist der Lebensatem und hilft beim Schlucken, Spucken, Aufstoßen, Niesen, Kauen; sie unterstützt die Tätigkeiten von Herz, Geist und Sinnen und versorgt Lungen und Herz mit Nahrung.

Ihr Sitz ist im Kopf, von dort aus bewegt sie sich zum Mund und reguliert die Bewegungen von Zunge, Kehle und Wangenmuskeln und läuft weiter bis zur Herzgegend (Thorax). Deshalb gilt der Brustbereich als ihr eigentlicher Sitz. – Prāna ist die Luft des Herz-Chakras. Mit ihrer Hilfe kann der Energiestrom nach oben bis zur Spitze des Schädels steigen, wenn man mit Yogaanleitungen wie Prānayāma, Meditation, Naad Yoga oder Swar Yoga arbeitet. Prāna steht mit dem sympathischen und parasympathischen Nervensystem in Verbindung und erzeugt psychische Ströme. Das Sanskritwort Prāna ist sinnverwandt mit Leben.

2. Udāna

Diese Luft hat ihren Sitz im Brustbereich, Thorax und Kehlkopf. Sie umfaßt das Gebiet vom oberen Bereich des Magens aufwärts bis zur Schädeldecke. Udāna Vayu produziert die verschiedenen Klänge und unterstützt das Phänomen der Sprache, indem sie die Stimmbänder zum Vibrieren bringt. Beim Summen versetzt die Udāna Luft den engen Nasalgang und die Schädeldecke in Vibration.

3. Samāna

Der Aufenthaltsort von Samāna Vayu ist im Gebiet zwischen Herzgegend und Nabel und des auf- und absteigenden Dickdarms. Samāna zirkuliert vor allem im Magen und in den Eingeweiden. Sie kontrolliert und garantiert den Fluß der Körpersäfte. Unterstützt von den Verdauungssäften des Magens verändert sie die chemische Natur der Nahrung und trennt aus dem Nahrungsbrei Nährstoffe und Abfallprodukte. Samāna versorgt den Körper mit physischer Kraft.

4. Vyāna

Vyāna Vayu sitzt im Herzen. Diese Körperluft fließt in alle Regionen des Organismus und zirkuliert beständig im gesamten Körper in Form von Blutgasen durch die Blutgefäße und durch das Lymph- und Nervensystem. Vyāna transportiert Nährstoffe von einem Teil des Körpers zum anderen. Mit ihrer Hilfe fließt das Blut durch den Körper, findet die Schweißabsonderung und damit auch die Entschlackung des Körpers statt. Alle Arten von Bewegungen wie Aufstehen, Setzen, Stoßen, Ziehen, Gähnen, das Öffnen und Schließen der Augenlider usw., werden durch Vyāna ermöglicht. Sie arbeitet mit dem zentralsympathischen und parasympathischen Nervensystem.

5. Apāna

Die Apāna-Luft sitzt in der Beckengegend. Sie scheidet die Giftstoffe aus, die in dieser Region erzeugt werden. Diese Gifte könnten das Verdauungsfeuer zerstören und Krankheiten verursachen. Apānas Aufgabe ist es, die Kontraktionen der Gebärmutter während der Empfängnis zu fördern, und das empfangene Kind im Mutterleib zu halten. Sie hilft bei der Ausscheidung des Menstruationsblutes, beim Geburtsvorgang, bei der Ejakulation der männlichen Samenflüssigkeit, bei der Darmentleerung und beim

Harnlassen. Apāna spielt eine wichtige Rolle bei der Erhaltung des menschlichen Körpers und des Geschlechts.

Galle – Pitta

Die Galle repräsentiert das Feuerelement im Körper. Sie ist heiß, feurig, naß und übelriechend. Ihre Farbe ist dunkelgelb, erscheint jedoch bläulich-gelb, sobald sie sich mit Schleim vermischt. Galle (Pitta) liefert dem Körper die notwendige Hitze, die er für seine Funktionen braucht und gibt ihm dadurch die Möglichkeit, begehrte Ziele zu verwirklichen. Im Geschmack beißend-scharf wie ein Chillipfeffer, besitzt die Galle eine ölig-weiche Konsistenz. Sie kommt hauptsächlich in den oberen Eingeweiden vor. Ihre Aufgabe ist es, die Nahrung im Körper zu »kochen« und zu vervollständigen, also zu verdauen. Sie zieht die Nahrungsenergie in Form von Flüssigkeiten heraus und strahlt diese Energien in alle Gebiete des Körpers aus. Galle verursacht Hunger und Durst und liefert dem Gehirn die Kraft zu intellektueller Tätigkeit, zum Entschluß, zur Unterscheidung und zur Kombination.

Man unterscheidet fünf untergeordnete Zentren, in denen die Essenz Galle besonders aktiv ist. Alle fünf werden von ihrem Hauptsitz aus, dem Unterleib, versorgt. Von ihrer Funktion her kann die Galle in folgender Weise klassifiziert werden: 1. Pāchak, 2. Ranjak, 3. Sādhak, 4. Ālochak, 5. Bhrājak

1. Pāchak

Das Wort Pāchak bedeutet »verdauend«. Pāchak-Galle wird in Leber und Bauchspeicheldrüse produziert. Sie verstärkt das Verdauungsfeuer im oberen Verdauungstrakt und scheidet, durch einen chemischen Trennungsvorgang, die Nährstoffessenz von den festen und flüssigen Abfällen und trennt Luft und Schleim. Mit ihrem Feuer verbrennt Pāchak die in der Nahrung enthaltenen Schad- und Giftstoffe. Sie unterstützt die Bildung von Antikörpern zum Schutz des Organismus. Pāchak-Pitta ist die Haupt-Galle und die anderen vier Gallearten sind von ihr abhängig.

2. *Ranjak*

Diese »rötende« Galle ist die färbende Sekretion von Leber und Milz, Beim Kochen wird der Nahrung die Nährstoffessenz entzogen, diese ist farblos, wenn sie Leber und Milz erreicht, erst dort reagiert die Ranjak-Galle auf die Nahrungsessenz und färbt diese rot. Durch diese chemische Reaktion wird der Chylus in eine Substanz verwandelt, die vom Blutstrom direkt assimiliert werden kann. Die restliche Ranjak-Pitta wird bei der Verdauung der Nahrung verwertet und unterstützt somit auch den Verdauungsvorgang.

3. *Sādhak*

Diese Galle befindet sich im Herzen und ist für die Erhaltung des Gleichgewichts im Sauerstoff-Glukose-Haushalt verantwortlich. Sādhak-Galle fördert Inspiration, Mut und Entschlossenheit, die wichtigsten Voraussetzungen auf dem Weg der Selbstverwirklichung und Selbstentfaltung. Sādhak heißt »Beobachter«. Sie beeinflußt Wünsche und Sehnsüchte und dient spirituellen Bestrebungen. Für alle religiösen Praktiken ist Inspiration, Mut, Bewußtwerdung und Entschlossenheit erforderlich; diese Qualitäten können sich nur dann entfalten, wenn die richtige Mischung von Sauerstoff und Glukose im Blutstrom vorhanden ist. Ein zu geringer Glukosegehalt macht sich als Nervosität bemerkbar. Ist der Glukosegehalt des Systems jedoch gesichert, empfindet man Gefühle großen Muts und der Inspiration. Sādhak hilft der Gedächtniskraft und fördert die Erfahrung spiritueller Stimmungen.

4. Ālochak

Ālochak-Galle wirkt auf den optischen Wahrnehmungsbereich. Ihre Aufgabe ist es, den visuellen Bereich des Organismus zu unterstützen, die Hitze in Augenzellen und -muskeln auszugleichen, die den Lichteinfall kontrollieren und regulieren. Ālochak-Galle ist in den Augen als feurige Energie ansässig, die Farben und Formen der Sinnesobjekte erfaßt.

5. Bhrājak

Bhrājak heißt »scheinen, glänzen«. Diese Galle versorgt die Haut und alle inneren Organe mit einem gesunden Glanz. Öl, das in den Körper massiert wird, wird von der Bhrājak-Galle verdaut. Zwischen ihr und dem elektromagnetischen Feld der Erde besteht ein wechselseitiger Austausch. Sie ölt und salbt die Haut und gibt ihr Glanz und eine gesunde Farbe. Bhrājak-Galle sitzt in der Haut, nährt die Haut und schützt den Körper vor Krankheitserregern. Bhrājak reagiert auch auf die atmosphärische Temperatur. Sie ist die Galle, die sich über den gesamten Körper verteilt und ausstrahlt und sich zurückzieht, sobald sich eine Störung im Organismus bemerkbar macht – und mit ihr verschwindet dann der »Glanz der Haut«.

Schleim – *Kapha (auch Phlegm)*

Der Schleim ist eine Mischung aus Wasser und Erdelementen. Schleim ist von weißer Farbe, schwer, glatt, kalt, klebrig, süß und flüssig. Er kommt überall im Körper vor. Seine Aufgabe ist es, das System feucht und geschmeidig zu halten, die Verdauung zu unterstützen und den Körper zu reinigen. Schleim befindet sich vor allem um das Blutgefäßsystem herum, im Kopf, Nacken und Atmungsystem. Er bietet einen alternativen Weg für die Gewebsflüssigkeit bei ihrer Rückkehr zum Blutstrom. Auch übernimmt er bis zu einem gewissen Grad die Funktionen des Kreislaufsystems und hilft bei der Regulierung der Körpertemperatur. Er verteilt Hormone endokriner Drüsen an die Zellen und ist dem Blut bei der Produktion und Transformation von Antikörpern zur Körperabwehr behilflich.

Schleim ist besonders aktiv in fünf untergeordneten Zentren, die vom Hauptzentrum im Magen versorgt werden. Er ist unter fünf verschiedenen Namen bekannt: 1. Kledan, 2. Avalamban, 3. Rasan, 4. Snehan, 5. Shleshma

1. Kledan

Der Kledan-Schleim befindet sich im Magen. Er hilft, die Nahrung in ein breiiges Material zu verwandeln. Kledan versorgt die frisch gekaute Nahrung mit schleimiger Feuchtigkeit. Mit seiner Hilfe kann der Magen die Nahrung kirnen. Der Kledan-Schleim vervollständigt den Verdauungsvorgang und wird im oberen Verdauungstrakt und in den kleinen Eingeweiden konsumiert. Kledan spaltet die Nahrungsmasse in selbständige Teilchen auf.

2. Avalamban

Dieser Schleim sitzt im Herz- und Brustbereich. Dort trennt er die wichtigsten Nährstoffe von der chemischen Suppe des Blutes, um das Herz mit Energie zu versorgen. Er hält die Körpertemperatur im Gleichgewicht. Avalamban-Schleim kommt auch im Kopf und in den Knochengelenken vor. Er unterstützt die Bildung von Knochenmark, das wiederum weiße Blutkörperchen zur Körperabwehr bildet. Diese weißen Blutkörperchen oder Lymphozyten mischen sich in den Blutstrom, sobald sie den Schleim des Lymphsystems passiert haben. Durch eine chemische Reaktion reduziert sich dieser Schleim zu einer salzigen Flüssigkeit und sorgt für die Aufrechterhaltung des Basengehalts im Blut. Avalamban hält die Aktivitätsstufe des Körpers hoch.

3. Rasan

Der Rasan-Schleim kommt in der Kehle vor und in dem gesamten Bereich, in dem der Geschmack (das Sanskritwort »Rasa« heißt »Geschmack«) wahrgenommen wird. Als Speichel regt der Rasan-Schleim Appetit und Geschmackssinn an und fügt der Nahrung weichmachende Verdauungssäfte bei, die den Verdauungsvorgang einleiten. Den bereits vom Avalamban-Schleim isolierten wertvollen Nährstoffen fügt er neue, kraftvollere Chemikalien bei und verteilt sie, wiederum über den Blutstrom, durch das gesamte System. Rasan arbeitet auch mit Hormonen, die in der Schilddrüse produziert werden und verteilt diese in das Blutkreislaufsystem.

4. Snehan

Snehan-Schleim befindet sich im Kopf und ist als Rückenmarksflüssigkeit (cerebro spinal fluid) bekannt. Das Sanskritwort »Sneh« bedeutet »Liebe« oder auch »Leben«. Diese Flüssigkeit ist die vitale Lebensflüssigkeit. Sie hält die feinen Kopfnerven feucht und geschmeidig und bewahrt sie vor Trockenheit und Austrocknung, die beim Einatmen der Luft durch die Nasenlöcher verursacht werden könnte. Der Snehan-Schleim hat vor allem die Aufgabe, Sauerstoff, Nährstoffmaterial und Wasser zu den Zellen zu führen. Außerdem transportiert er Kohlendioxyd und andere Abfallprodukte zu den zuständigen Ausscheidungsorganen. Snehan versorgt Augen, Ohren, Zirbeldrüse, Hypophyse und Hypothalamus mit Nährstoffen. Er ist Träger positiver und negativer Ionen, die einen entscheidenden Einfluß auf die richtige Funktion der Sinnesorgane haben.

5. Shleshma

Diese ölende Flüssigkeit befindet sich in allen Knochengelenken und schützt diese vor Brüchen und Zerrungen. Der Shleshma-Schleim läuft auch entlang des Nervensystems und versorgt die

Nerven mit Energie, damit sie Signale empfangen und weiterleiten können. Er unterstützt die Entwicklung von Antikörpern zur Körperabwehr und verhindert die Entstehung von zu großer Hitze in den Gelenken, die bei übermäßiger Aktivität entstehen könnte. Durch seine klebrige Beschaffenheit festigt Shleshma die Gelenke, hält sie zusammen und sorgt für geschmeidige Bewegungen.

Luft, Galle und Schleim – diese drei Substanzen sind für das Funktionieren des menschlichen Organismus verantwortlich. Solange diese drei *Humoren* harmonisch in den ihnen zugeordneten Bereichen wirken, halten sie den Organismus gesund; sind sie jedoch gestört, bewirken sie Krankheit und schaden dem Körper. Von den drei Humoren nimmt die Luft eine Schlüsselstellung ein. Galle und Schleim könnten sich nicht aus ihrem Zentrum herausbewegen, würden die Körperlüfte sie nicht bewegen.

Ist nur einer der drei Humoren gestört, dann läßt sich die daraus resultierende Krankheit vergleichsweise leicht kurieren. Erkrankt das System jedoch, weil zwei der Humoren gestört sind, ist die Krankheit bereits akuter und die Heilung wird längere Zeit in Anspruch nehmen. Sind jedoch alle drei Humoren aus ihrem Gleichgewicht geraten, können die daraus verursachten Krankheiten häufig äußerst verhängnisvoll sein.

Tatsächlich beinhaltet die Existenz der drei Humoren weit mehr als eine Fortsetzung der luftigen, galligen und schleimigen Materie, die in bestimmten Gebieten des menschlichen Organismus vorkommt.

Die drei Humoren und das individuelle System

In vielerlei Hinsicht ist ein Individuum wie das andere, allerdings stimmt kein Individuum mit dem anderen völlig überein. Der Verschiedenheit liegt eine innere Ordnung zugrunde. Obwohl sich Dinge voneinander unterscheiden, stimmen sie in sich überein. Diese Gruppe ähnlicher, doch nicht identischer Qualitäten bildet eine Klasse.

Die drei Humoren erzeugen – entsprechend ihrer Proportionen – unterschiedliche Temperamente und physische, wie auch emotionelle Zustände. Sie verändern ständig ihre rhythmischen Muster, je nach Umgebung, Klima, Tageszeit, Diät und ähnlicher Faktoren mehr. Doch darüber hinaus gibt es etwas wesentliches, das unveränderlich bleibt und eine Grundstruktur formt, die man als Temperament bezeichnet. Dieses Temperament kann vom Aspekt der drei Humoren aus erklärt werden.

Es gibt Menschen, deren Organismus klar vom Wind, der Körperluft, beherrscht wird. Bei anderen dominiert die Galle, bei wieder anderen der Schleim. Auch gibt es Menschen, bei denen eine Kombination aus Luft und Galle dominiert, oder aus Luft und Schleim, oder Schleim und Galle, und schließlich gibt es jene, in deren Organismus alle drei Humoren im gleichen Verhältnis auftreten. So entstehen aus obiger Klassifizierung sieben Gruppen, aus denen wiederum die drei erstgenannten eine Grundgruppe bilden: 1. Wind dominiert, 2. Galle dominiert, 3. Schleim dominiert, 4. Wind und Galle dominieren, 5. Wind und Schleim dominieren, 6. Galle und Schleim dominieren, 7. Wind, Galle und Schleim sind gleich stark.

1. Wind dominierte Individuen

Schlafen wenig, haben eine Abneigung gegen Kälte und kalte Gegenstände, bereits geringe Kälteeinwirkung erzeugt Schmerzen im Körper. Ihre Haut ist trocken, die Haare dünn, spärlich und spröde. Sie haben einen ruhelosen Geist, ein schwaches Erinnerungsvermögen, leiden häufig unter Verstopfung, gähnen sehr oft und haben einen trockenen Mund. Manchmal fühlen sie sich sehr hungrig, manchmal überhaupt nicht. Sie lieben süßen, sauren und scharf-beißenden Geschmack. Sie haben eine Vorliebe für sexuelle und sinnliche Genüsse und werden von ihren Partnern verehrt, doch haben sie wenig Nachkommenschaft. Sie sind groß und schlank, scheinbar kräftig gebaut, doch tatsächlich schwächlich, ihre Stimme ist barsch, sie stammeln beim Sprechen.

In ihren Träumen verweilen sie auf Bergen, Bäumen oder in der

Luft, auch fliegen sie im Traum ohne mechanische Hilfsmittel. Für diesen Temperamentstyp sind scharfe und ölige Speisen geeignet.

2. Galle dominierte Individuen

Sie besitzen ein leicht ärgerliches Gemüt und schwitzen stark. Sie sind gebildet, rechtschaffen und stolz. Galle dominierte Individuen lieben Blumen und Duftstoffe, sie haben ein heiliges Aussehen und einen guten Charakter. Sie können ihren Unterhalt selbständig bestreiten, sie sind großzügig und mutig, sie folgen keiner vorherrschenden Religion. Augen und Gesicht sind rötlich, sie haben reichlich Blutfarbstoff und eine heiße Körpertemperatur. Sie sind schnell reizbar und leicht erregbar. Oft haben sie Hunger und Durst. Sie sind optimistisch, kühn, haben einen starken Kopf und sind übermäßig vertrauensvoll. Sie lieben den süßen, bitteren und adstringierenden Geschmack, kalte Getränke und kühles Klima. Sie essen viel und gehen häufig zur Toilette. Sie sind eifersüchtig, ihre Hautfarbe ist hell, Hände und Füße sind rosig, Nägel, Ohren und Handflächen sind rot. Sie haben wenig Körperhaare, lose Glieder und Muskeln, wenig Zeugungskraft, wenig Sinnlichkeit. Sie vermeiden Störungen. In ihren Träumen sehen sie Sterne vom Himmel fallen, Feuer, Sonne, Mond, Blitze und Giftpflanzen. Für diesen Temperamentstyp sind kalte und ölige Speisen geeignet.

3. Schleim dominierte Individuen

Sind stattlich, gut gebaut und ebenmäßig. Sie haben genügend Fettreserven, sind besonnen, versöhnlich, besitzen einen standhaften und festen Geist. Sie haben ein mondförmiges Gesicht, die Farbe ihrer Haut ist wie Bronze, Gold oder die Farbe von Lotusblumen. Sie sind attraktiv, haben eine breite Stirn und einen zarten Körper mit starken, dunklen, dichten, dicken Haaren. Sie besitzen edle Charaktereigenschaften und fühlen sich weder durch Hunger, Durst oder Lärm gestört. Sie sind ordnungsliebend, beherzigen die eigenen Worte, haben eine liebliche Sprache, gute

Verdauung, gute Gesundheit, sie essen mäßig, sind sexuellen Freuden zugeneigt, haben viele Söhne, treue Freunde und Untergebene. Sie sind fleißig und bescheiden und werden nur selten zornig. Sie denken viel nach, fantasieren viel und brauchen lange Zeit, um ihre Arbeiten zu vollenden. Sie sind unkompliziert und gebildet, doch weder eingebildet noch stolz auf Wissen, Reichtum und materiellen Besitz. Ihrem Lehrer gegenüber verhalten sie sich mit Respekt und Treue. Sie sind Liebhaber der Schönen Künste und religiös orientiert. Sie sind anfällig für Husten und Erkältungskrankheiten. Sie lieben bittere und adstringierende, scharfe und trocken schmeckende Speisen. Sie schlafen viel und tief. Sie träumen von Flüssen, Teichen, Meer und Seen, von Lotusblumen und Wasservögeln. Scharfe und trockene Speisen sind für diesen Temperamentstyp geeignet.

Natürlich sind die hier aufgeführten Qualitäten nicht ständig und alle gleichzeitig in dem Menschen, der einer dieser drei Gruppen angehört, vorhanden. Es gibt außerdem, wie bereits erwähnt, sieben Kombinationsmöglichkeiten. Durch aufmerksame Selbstbeobachtung und die Erfahrung, wie bestimmte Speisen auf das eigene System wirken, ist es möglich, das Temperament genau zu bestimmen.

Wie sich Störungen äußern

Zu den Erbanlagen und den Empfänglichkeiten für Umwelteinflüsse kommt hinzu, daß das Verhältnis der Humoren untereinander von Tag zu Tag variiert, je nach Veränderungen der individuellen Aktivitäten, der Diät und den physischen Bedingungen. Wechsel von Tages- und Jahreszeiten, Umgebungswechsel und Verhaltensweisen, die gegen die Gesetze der Natur verstoßen, sind Hauptfaktoren, die die Humoren anregen beziehungsweise unterdrücken. Das Wissen, wie sich Störungen innerhalb der Humoren symptomatisch äußern, bietet gleichzeitig die Möglichkeit, die entsprechenden Nahrungsmittel und Gewürze zu wählen, um die Harmonie wiederherzustellen.

Gestörter Wind

Erzeugt mehr Durst, Zittrigkeit, Trockenheit, rauhe und gerötete Haut, Schmerzen, Schluckauf, Asthma, Husten, Erkrankungen von Ohren, Nase und Kehle, Kreislaufbeschwerden, Aufregung, Harnleiden, Verstopfung und dergleichen mehr. Wind (Vayu) steht in direkter Beziehung zum Nervensystem und alle psychosomatischen Krankheiten sind das Ergebnis gestörter Winde.

Bittere, scharfe oder trockene Speisen und der übermäßige Genuß von Bohnen und Reis verstärken den Humor Wind. Ebenso übertriebene körperliche oder geistige Betätigung, übertriebenes Lernen und Reden, sexuelle Ausschweifungen, Unterdrükkung natürlicher Bedürfnisse, wie Harnlassen, Winde entlassen und Darm entleeren. Auch Angst, Kummer oder Nachtwachen vermehren Vayu. Natürlicherweise wird der Wind angeregt in der kalten und regenreichen Jahreszeit und im Alter.

Gestörte Galle

Erzeugt brennende Empfindungen, übermäßige Hitze, Fieber, Schweiß, Säure, Durst, Reizbarkeit, gerötete Augen, gelben oder rötlichen Urin und Stuhl, Fäulnis, Hysterie, Verdauungsschwierigkeiten, Übersäuerung, Blutungen aus Körperöffnungen (Nasenbluten..), mangelnder Ideenreichtum, mangelndes Sehvermögen, Hautleiden, Vorliebe für Kälte und kühlende Speisen, Neigung zu Gelbsucht, Schlaflosigkeit, geschwächte und verringerte Funktion der Sinnesorgane.

Ein Übermaß an Galle erzeugt mattes Aussehen und verminderte Körperbehaarung.

Übermäßiger Genuß heißer, scharfer und trockener und salziger Speisen stört die Gallenfunktion; ebenso übertriebener Genuß von Wein, Likör und Galle anregenden Substanzen; Zorn, Sorge, Angst und zügellose sexuelle Aktivität, manuelle Arbeit und Verdauungsschwierigkeiten wirken ebenfalls als Störfaktoren auf die Galle. Im Sommer, am Mittag, um Mitternacht und in den mittleren Lebensjahren ist die Galle natürlicherweise verstärkt tätig.

Gestörter Schleim

Kennzeichen für gestörten Schleim (Kapha) sind Trägheit, Empfindungslosigkeit, Benommenheit, Blässe, vermehrtes Schlafbedürfnis, Gedächtnisverlust, geschädigte Sinne, weißer Urin und Stuhl, Schweregefühl und Steifheit in den Gelenken, Durst, Schwäche und Schlaflosigkeit.

Gründe dafür sind übermäßiger Genuß von süßen, sauren und salzigen Speisen, schwerverdaulicher Nahrung und zu viele Milchprodukte. Außerdem verursacht das Schlafen während des Tages und mangelnde körperliche Betätigung Störungen. Im Winter und Frühling, am Morgen und unmittelbar nach Mahlzeiten und ausgiebigem Lachen, ebenso während der Kindheit, wird der Schleim natürlicherweise angeregt.

DIE DREI GUNAS

Sattva, Rajas & Tamas

Sattva, Rajas, Tamas sind keine Kreationen des menschlichen Denkprinzips, sondern drei Grundkräfte des unentfalteten, undifferenzierten Bewußtseins selbst. Durch ihr ineinanderwirkendes Wechselspiel entfaltet sich der Wandlungsprozeß, bei dem sich feinstoffliche Energie in grobstoffliche Energie manifestiert.

Sattva bedeutet *Essenz* (reine Geistigkeit)

Rajas bedeutet *Aktivität* (energiebetonte Kraft)

Tamas bedeutet *Trägheit* (träge Stofflichkeit)

Die Gunas selbst sind nicht wahrnehmbar – nur der Effekt ihres Wirkens kann erkannt werden. Jeder kann ihr Vorhandensein durch ihre Aktivität im eigenen Körper erkennen, wo sie die Energien in ihre entsprechenden Kanäle leiten.

Indische Seher haben das Prinzip der Gunas mit folgender Analogie zu erläutern versucht:

Sattva, Rajas und Tamas sind drei Manifestationen derselben essentiellen Substanz der uranfänglichen Natur (*Mool Prakriti*), so wie Eis, Wasser und Dampf drei Manifestationen derselben Substanz – Wasser – sind.

In Form von Eis verliert das Wasser, dessen Natur es ist, zu fließen, jegliche Bewegungskraft und wird statisch, begrenzt auf eine Form und einen Ort.

In ihrer wässrigen Form kann die Essenz frei fließen – innerhalb der Grenzen des Gefäßes, in dem sie sich befindet.

Als Dampf ist die Essenz ihrer Natur am nächsten, in dieser Form füllt sie jeden Raum und findet ihren Weg durch alle Zwischenräume, in alle Nischen und Winkel.

Eis ist der Tamas-Aspekt der Essenz, die Form, in der die einzelnen Teilchen im wesentlichen keine Bewegungskraft mehr haben – Eis ist Wasser im Ruhezustand.

Wasser ist der Rajas-Aspekt der Essenz, das Zwischenstadium von Eis und Dampf. Eis muß sich erst in Wasser verwandeln, um Dampf werden zu können und umgekehrt. Wasser ist in Bewegung.

Dampf ist der Sattva-Aspekt der Essenz, er übersteigt die Grenzen von Schwerkraft und Form.

Alles was existiert durchläuft diese drei verschiedenen Phasen von Sattva – Rajas – Tamas.

Sattva, Rajas, Tamas sind wie ein Zopf, der aus drei verschiedenfarbigen Bändern geflochten wurde. An mancher Stelle tritt eine Farbe (eine Guna) scheinbar besonders stark in den Vordergrund, dann wieder eine andere. Betrachten wir den ganzen Zopf, werden wir erkennen, daß die Dominanz von einer einzigen Farbe nur Illusion ist. Alle drei Aspekte sind ständig vorhanden. Die Gunas sind keine selbständigen Wesenheiten, sondern drei Formen, drei verschiedene Attribute, drei Dimensionen, drei Frequenzen der Einen Essenz, der Einen Existenz, der Einen Wirklichkeit.

Die *Gunas* stören sich nicht untereinander, noch widersprechen sie sich, noch legen sie sich Hindernisse in den Weg. Vielmehr helfen sie sich gegenseitig, ihre Schwierigkeiten zu lösen und sich zu entfalten. Sie arbeiten miteinander und füreinander und sind überall, in unterschiedlichen Proportionen, gegenwärtig.

Die Natur der Gunas

Die wahre Natur von Sattva ist Wonne.
Die wahre Natur von Rajas ist Schmerz.
die wahre Natur von Tamas ist Bindung.
Sattva ist das Lichte.
Tamas ist das Dichte.

Die Kraft der Gunas

Sattva ist die lichte Kraft, die eine klare Sicht ermöglicht und dadurch Verwirrung beseitigt. Sattva ist die Kraft der Intuition, die über Zeit und Raum hinaus sehen läßt. Die Kraft der Hellsichtigkeit der »Seher« und »Saints« (Heiligen) entwickelt sich aus Sattva. Ihre Natur ist Wonne.

Rajas ist die aktive Kraft. Sie motiviert und inspiriert zum Handeln. Die Natur dieser Kraft ist der Schmerz, der aus dem Gesetz der Wechselwirkung resultiert. Rajas setzt dem Grenzenlosen Grenzen. Aus dem Zustand unendlicher Wonne führt Rajas zu der Erfahrung von Zwang und Leid.

Tamas ist die träge Kraft und die Quelle für Widerstand, Hindernisse und Hemmnisse. Tamas kreiert Zweifel und Verwirrung. Man sagt, Tamas hat die Kraft, die Dinge zu verschleiern. Es macht aus einem Seil eine Schlange, oder aus einer Mücke einen Elefanten.

Wie sich die drei Gunas äußern

Wie bereits erwähnt, herrscht unter den Gunas kein Konkurrenzverhalten. Immer sind alle drei vorhanden, auch wenn zu einem bestimmten Zeitpunkt nur eine Guna dominiert, während eine andere sich später behauptet. Es gibt drei Gunas, da die Eine Energie drei Attribute hat. Alle drei sind Formen der Einen Existenz. Während sich die Energie entfaltet, befindet sie sich in einem Übergangsstadium. Dieser Übergang vollzieht sich in drei Schritten. Die Gunas repräsentieren die drei Attribute, durch die der Übergang stattfindet.

Sobald Sattva dominiert, werden Rajas und Tamas in den Hintergrund gedrängt. In diesem Zustand erfährt man keinerlei Impulse, irgendwelche Handlungen ausführen zu müssen, auch verschwindet das Gefühl von Zwang. Es gibt nichts zu erledigen, keinen Grund, sich zu bewegen, keine Aufgabe zu lösen, kein Bedürfnis nach Nahrung oder Schlaf und keine Verwirrung. Was bleibt, ist das Wissen, das Sein und die Wonne. Daraus entsteht Erleuchtung, Strahlkraft und ruhige Heiterkeit.

Wenn Rajas dominiert, treten Sattva und Tamas in den Hintergrund. Dieser Zustand setzt ein großes Maß an Energie und Inspiration frei, ein starkes Verlangen nach Arbeit und Unternehmungen macht sich bemerkbar. In seiner Rolle als Vermittler zwischen Sattva und Tamas spielt Rajas mit den beiden Kräften – mit dem Wissen und mit der Unwissenheit. Das verursacht Unsicherheit. Während Rajas dominiert, durchlebt man Phasen positiver und negativer Stimmungen. Aufgrund seiner aktiven Natur läuft Rajas Gefahr, dem Ehrgeiz zum Opfer zu fallen.

Dominiert Tamas, halten sich Sattva und Rajas im Hintergrund. In diesem Zustand fühlt man sich faul, träge, schläfrig und verhaftet. Dunkelheit herrscht vor, Illusion, Wahn und Unwissenheit treten in den Vordergrund. Träge Gleichgültigkeit macht sich bemerkbar. Man meidet Bewegungen, hat keinerlei Einfälle, irgendwelche Arbeiten zu verrichten, selbst Hunger und Sexualität liefern keinen Ansporn, der Verstand ist behindert, blockiert. Es ist ein Zustand des sich völligen Zurückziehens, der der zwanglosen, stillen Gelassenheit, die im sattvischen Zustand vorherrscht, sehr ähnelt, in dem jedoch Zwang und Unwissenheit dominieren.

Die drei Gunas bilden eine untrennbare Einheit, sind jedoch in sich selbst wandelbar.

Gunas und Selbstverwirklichung

Selbstverwirklichung bedeutet für jenen, der nach Vervollkommnung strebt, eine allumfassende Vervollkommnung im Zustand des Seins zu erreichen.

Sattva, Rajas, Tamas – die drei Gunas – sind ein wichtiger Schlüssel zum Verständnis des eigenen Seinszustandes. Ohne diesen Schlüssel gäbe es keine Möglichkeit, herauszufinden, ob wir unser Selbst tatsächlich entwickeln und verwirklichen oder nicht.

Die natürliche Richtung, in der sich die manifestierte Welt entfaltet, verläuft von Sattva zu Rajas zu Tamas. Allerdings kann das gleiche Rajas, das Sattva zu Tamas führt, benutzt werden, um Tamas in Sattva zurückzuverwandeln. Mit seinen fünf Sinnesorganen hat der Mensch die Möglichkeit der Wahl, entweder mit

Zwang und Verlangen stets nach unten, der Trägheit (Tamas), zuzustreben, oder aber aktiv (Rajas) zu werden und sich nach oben, zum Lichten (Sattva) zu bewegen.

Der Sattva dominierte Mensch überblickt alle Entwicklungsstufen und erkennt Vergangenheit, Gegenwart und Zukunft einer Sache. Er besitzt die Perspektive eines Menschen, der auf der Spitze eines Berges steht und alles überblickt, was unter ihm liegt.

Der Rajas dominierte Mensch kann dasselbe Objekt sehen; er wird es in sein Funktionsschema einordnen, wobei er lediglich den gegenwärtigen Wert der Sache erkennen kann.

Der Tamas dominierte Mensch wird das Objekt so lange ignorieren, bis er einmal zufällig darüber stolpert.

Sattva ist Licht, Klarheit, Wissen.
Rajas ist Inspiration, Aktivität, Schmerz.
Tamas ist Zweifel, Dunkelheit, Zwang.

Jeder Mensch hat die Wahl, ob er mehr Licht in sein Leben bringen möchte, oder ob er sich dem Energiefluß anschließen möchte, der nach unten führt, in Richtung Tamas, und schließlich in völliger Untätigkeit, im Tod, endet.

Um mehr Sattva zu kreieren, muß mehr Rajas erzeugt werden. Was wir dabei erfahren ist mehr Schmerz und eine härtere Disziplin, die uns von momentanen sinnlichen Vergnügungen ausschließt, denn Tamas wird durch das Feuer der Selbstdisziplin verzehrt. Doch der anfängliche Schmerz bahnt den Weg zum Licht, zur Wonne – zur Klarheit, die uns unsere eigene wahre Natur erkennen läßt, und unsere Rolle, die wir im Universum zu spielen haben – im göttlichen Spiel des Göttlichen.

Wer die Natur der drei Gunas versteht – ihre Allgegenwart –, kann ihr Vorhandensein in sich selbst erkennen und ihre Aktionen und Interaktionen für den Rest seines Lebens verfolgen.

Sobald wir die Handlungen und Triebe, die uns agieren lassen, aus dem Blickwinkel des Wissens um die Gunas beobachten, übernehmen wir die Verantwortung für die Entwicklung unseres Organismus.

Beobachten wir unsere Ernährungsgewohnheiten, den Schlaf, die Sexualität, die Gedanken und den Atem, dann werden wir sehr bald feststellen, daß Nahrung, Kleidung, Farben, Töne, Tag-

und Nachtzyklen, der Wechsel der Jahreszeiten und dergleichen mehr, Veränderungen bewirken; und wir werden entdecken, daß einige Lebensmittel ihrer Natur nach Sattva sind, andere Tamas und wieder andere Rajas. Wir werden erkennen, daß manche Töne, Farben, Tages- und Jahreszeiten Sattva, andere Rajas und wieder andere Tamas sind. Auch werden wir verstehen, was es heißt, sich leicht zu fühlen, energiegeladen oder aber träge und schläfrig, und wir werden erfahren, daß die eigenen Gefühle die klarsten und einfachsten Führer sind bei der Arbeit am eigenen Selbst.

Wir werden sehen, daß Aktivitäten und Ereignisse, die Licht, Klarheit und Scharfblick erzeugen, der Sattva-Natur entsprechen, daß Dinge, die Inspiration, Aktivität und Schmerz erzeugen, Rajas sind, und alles, was Zwang, Zweifel, Unwissenheit und Schlaf herbeiführt, Tamas ist.

Bemühen wir Rajas, um Sattva zu vermehren, können wir uns entgegen dem natürlichen Zug der Schwerkraft bewegen – und damit unser individuelles Bewußtsein wieder mit dem Einen Bewußtsein vereinigen, dem alles entstammt. Der Tropfen kann mit dem Ozean verschmelzen. Der Lohn, den der erhält, der sich die Mühe macht ist Sat-Chit-Anand (Wahrheit-Sein-Wonne).

Sattvische, Rajasische und Tamasische Nahrung

1. Sattvische Nahrungsmittel

Frische, saftige, leichte, ölige, nahrhafte, süße, wohlschmeckende Lebensmittel sind sattvisch. Dazu zählen Weizen, Reis, Gerste, Moong Bohnen (grüne Sojabohnen), Milch, Butter, Honig, Rohzucker, Steinsalz, süße Kartoffeln, Zucchinis, Kürbis, Gurken, Spinat, Bockshornklee, Karotten, Rote Bete, Früchte wie Mangos (süße und saftige Mangoart), Pflaumen, Honigmelonen, Wassermelonen und süße Orangen. All diese Lebensmittel sind leicht, saftig und nahrhaft und liefern dem Körper, richtig verwendet, sattvische Energie.

Eine Kost, die hauptsächlich aus Lebensmitteln wie Milch, Joghurt, Buttermilch, Butter und frischem, selbst hergestelltem Molkenkäse besteht, liefert mehr sattvische Energie. Das gleiche gilt für grünes Gemüse, Blattgemüse, Mandeln, Rosinen, süße Äpfel, süße Trauben, Bananen, Granatäpfel, schwarzen Pfeffer, Vollweizen und Reis. All diese Nahrungsmittel geben dem Körper die notwendige Energie, die er für seine Lebensvorgänge braucht, ohne ihn übermäßig zu belasten, und verhelfen zu einer ausgewogenen Körperchemie, die den Grundstein bildet für die Erlangung höherer Bewußtseinsstufen, in denen die sattvische Energie überwiegt.

Sattvische Lebensmittel bringen Chitta (das fühlende Selbst, die Psyche) in einen Zustand der Harmonie, indem sie das System mit leichtverdaulichen und nahrhaftem Speisematerial versorgen.

Die Vermehrung der sattvischen Energie und spirituelle Entwicklung und Entfaltung können durch eine sattvische Ernährungsweise unterstützt werden, also mit Nahrungsmitteln wie hauptsächlich Früchten, Getreidearten entsprechend der Jahreszeit und Gemüsen, die den bereits genannten sattvischen Qualitäten entsprechen. Ideal ist eine Diät, die nur aus Früchten wie süßen Orangen, Äpfeln, Bananen, Trauben und saftigen Mangos besteht. Wer aber auf Gemüse, Getreide, Bohnen und Hülsenfrüchte nicht verzichten will, sollte Weizen, geschrotete Weizenprodukte, selbstgebackenes Brot aus frisch gemahlenem Vollmehl (am besten steingemahlenes Mehl, das noch die Weizenkeime enthält), Moong Bohnen, gelbe gespaltene Bohnen, Reis, Blattgemüse, Kürbisarten, Zucchinis, Milch und Butter zu sich nehmen.

Weizen und Gerste sind, wie schon erwähnt, sattvische Getreidearten. Bereitet man sie allerdings mit viel Butter und Gewürzen zu, verwandelt sich ihre sattvische Natur in Rajas. Körner sind im allgemeinen sattvisch. Ißt man sie jedoch im Übermaß oder falsch zubereitet, dann erzeugen sie Blähungen und wirken tamasisch. Gekeimte Hülsenfrüchte sind, roh gegessen, sattvisch. Das gleiche gilt für Moong Bohnen (grüne Sojabohnen). Mooth Bohnen und gespaltene Erbsen sind empfehlenswert, wenn sie mit etwas Tumerik- und Korianderpulver und Salz gekocht werden und danach mit einigen Cuminsamen und einer Prise Asafötida versehen werden, um die Bildung von Gasen zu vermeiden.

Frisch gepreßte Fruchtsäfte aus süßen, reifen Früchten gelten als reinste sattvische Nahrung. Mandeln, Sonnenblumenkerne, Gurken-, Kürbis- und Honigmelonenkerne sind sehr nahrhaft und sattvisch, sofern sie über Nacht in Wasser eingeweicht, dann geschält und auf einem Stein zu einer milchigen Substanz zerrieben werden. Im Winter kann man diese Nußmilch in frischer Vollmilch aufkochen lassen und vor dem Servieren etwas gemahlenen Anis- und Kardamomsamen zufügen. Auch kann dieses Getränk mit etwas Rohzucker versüßt werden. Im Sommer dagegen wird die Nußpaste bekömmlicher, fügt man ihr Wasser zu anstelle der Milch. Beide Getränke können mit Rosenblättern verfeinert werden. Allerdings sind Rosenblätter besser für kühle Sommergetränke geeignet. Rohzucker oder Jaggery ist, nach Honig, der beste Süßstoff. Genau wie Honig ist Jaggery sattvisch. (Siehe auch Kapitel »Nahrungsmittel« – Jaggery). Von allen Milcharten hat die frischgemolkene Kuhmilch den höchsten sattvischen Wert, obwohl sich etwa vier Stunden nach dem Melken ihre sattvische Qualität in Rajas verwandelt. Khir (in Milch gekochter Reis) und frische Buttermilch sind sattvisch. Lassi, flüssiger Joghurt mit Rohzucker oder Honig (oder aber auch mit Steinsalz und einer Prise Cumin), ist sattvisch. Süßer Orangensaft und Zitronensaft sind sattvisch. Zitronen, schwarzer Pfeffer und Karotten werden als Ausnahmen betrachtet. Zitronen sind zwar sauer, doch rechtfertigt ihre starke Reinigungskraft die Einordnung in die sattvische Kategorie. Der schwarze Pfeffer hat einen scharfen, trockenen Effekt, doch liefert er dem Magen Energie, wirkt appetitanregend und reinigend, vor allem auf den Brustbereich. Karotten sind Wurzeln und nahezu alle Wurzelgemüse sind tamasisch, doch sind Karotten süß, kalt und ölend und leichtverdaulich. Sie kurieren übermäßige Körperhitze, helfen bei der Reinigung des unteren Verdauungstrakts und vermehren das Blut. Sie heilen Krankheiten, die durch Gase und Schleim erzeugt wurden, wirken harntreibend und entgiften den Körper dabei von Schlacken. Karotten stärken die Verdauungskraft des Magens, versorgen das Gehirn mit Energie und sind ein ideales Nahrungsmittel für Menschen, die enthaltsam leben. Auch die süßen Kartoffeln sind – obgleich ein Wurzelgemüse – sattvisch und liefern vollwertige Nährstoffe.

2. *Rajasische Nahrungsmittel*

Bittere, saure, salzige, scharfe, heiße und trockene Nahrungsmittel sind rajasisch. Diese Nahrungsmittel schmecken nur, wenn ein Geschmack für sie entwickelt wird, ansonsten sind sie nicht besonders schmackhaft. Sie müssen gebraten und gewürzt werden, bevor man sie servieren kann. Rajasische Nahrung eignet sich für Menschen, die materiellen Wohlstand anstreben und die am Leistungskampf aktiv teilnehmen.

Rajasische Nahrung erzeugt Zustände der Sinnlichkeit, Sexualität, Gier, Eifersucht, des Geizes, auch Zorn, Wahn, Einbildung, Fantasie, Irreligiosität und Egoismus.

Wir leben in einer Welt, die unserer Arbeitskraft bedarf. Bei fast allen unseren Lebensangelegenheiten spielt Geld eine beträchtliche Rolle und wir können unsere Zeit nicht ausschließlich in Ekstase und Seligkeit, mit Gebeten und Meditation verbringen. Wir müssen für unseren Unterhalt kämpfen. Nicht überall zeigt sich die Natur von ihrer freundlichen Seite und wir brauchen einige technische Hilfsmittel, um in unseren Häusern einen warmen und gemütlichen Lebensraum zu schaffen. Wir haben Verpflichtungen – und wir schulden etwas der Gesellschaft, die uns soziale Sicherheit gibt. Deshalb können wir uns nicht mehr ausschließlich nur sattvisch ernähren, wie es die Heiligen und Propheten einst im alten Indien taten. Wir brauchen rajasische Energie zum Leben, zum Überleben – und deshalb brauchen wir die anregenden Gewürze und andere Nahrungsmittel, die unser Energiepotential auf einem Niveau halten, daß wir mit der sich ständig wandelnden Welt Schritt halten können. Doch heißt das nicht, daß Rajas-Nahrung die Nahrung ist, die wir essen müssen. Wir können ein Gleichgewicht zwischen sattvischer und rajasischer Kost halten und tamasische Nahrung weitgehendst meiden. Da rajasische Nahrung Erregung erzeugt, sollten wir sie mit der nötigen Vorsicht genießen, um Übererregung zu vermeiden. In Öl gebratene Speisen, Süßigkeiten aus Geschäften, gewürzte Nahrung, anreizende Gemüse, gesalzenes Brot, Gebäck, Soda's, Limonaden, abgepackte Milch und alle Aphrodisiaka sind ihrer Natur nach Rajas. Alle sattvischen Nahrungsmittel werden rajasisch, wenn sie in pflanzlichen Ölen gebraten werden, überkocht werden, oder mit erregenden, scharfen und sauer schmeckenden Gewürzen bereitet werden. Sattvische Nahrung behält ihre sattvische Qualität, wenn sie in Butter, Sahne oder Ghee gebraten wird.

Rajasische Nahrung erhöht das Stoffwechselgeschehen im menschlichen Organismus. Rajas ist gleichbedeutend mit Bewegung, Antrieb, Aktivität und die rajasische Nahrung erzeugt diese Zustände. Rajas bringt aber auch Sorge, Schmerz und Anteilnahme, deshalb erzeugen rajasische Nahrungsmittel auch Krankheiten, Sorgen, Melancholie, Hilflosigkeit und Erschöpfung. Alkoholische Getränke, Wein, Bier, Tee, Kaffee, Coca Cola, Limonaden, Canabis, Marihuana, Opium, Kokain, Heroin und dergleichen mehr reizen den Organismus und sind deshalb von rajasischer und auch tamasischer Natur.

Zwiebeln und Knoblauch wirken anregend und sind deshalb Rajas, doch besitzen beide auch eine stark blutreinigende Kraft. Die altindische Wissenschaft der Medizin klassifiziert Zwiebeln als tamasisch, dagegen wird der Knoblauch, wegen seiner medizinischen Qualitäten als rajasisch betrachtet. Knoblauch ist heiß und trocken und deshalb rajasisch. Knoblauch wirkt lebensverlängernd, gibt Kraft, ist blutbildend, unterstützt die Bildung und Entwicklung von Geweben und Muskeln, er vermehrt den Samen und den Glanz der Haut und gibt dem Magen Verdauungskraft. Doch sollte der Knoblauch mäßig verwendet werden, da er sonst Trockenheit erzeugt. Er eignet sich vor allem für Menschen, deren Temperament vom Wind (*Vayu*) oder Schleim (*Kapha*) beherrscht wird. Gallige Naturen (*Pitta*) sollten Knoblauch meiden. Würde dem Knoblauch nicht die saure Geschmacksrichtung fehlen und würde er keinen so unangenehmen Geruch besitzen, käme er in die Kategorie der sattvischen Nahrungsmittel.

Roter Pfeffer, scharfe Gewürze, Pickles, pflanzliche Öle, getrockneter und frischer Ingwer und Salz sind rajasisch. Überkochte Milch wird rajasisch. Speisen, die zu heiß gegessen werden, heiße Getränke, kalte Speisen und kalte Getränke sowie kaltes Wasser sind alle rajasisch. Die Temperatur der Nahrungsmittel sollte nicht höher als die Körpertemperatur sein. Rajasische Nahrung erzeugt einen labilen Intellekt.

3. *Tamasische Nahrungsmittel*

Tamasisch sind alle Nahrungsmittel, für deren Verdauung viel Energie verbraucht wird. Trockene, alte, schlecht riechende, faulende, schlecht schmeckende und ungenießbare Nahrungsmittel sind tamasisch. Sterilisierte Nahrung, Dosennahrung, abgepackte und eingefrorene Nahrung ist tamasisch. Kalte und abgestandene Speisen und Nahrungsmittel, die mit Gewalt erworben wurden (wie beispielsweise Fleisch) sind tamasisch, desgleichen Lebensmittel, die träge und stumpfsinnig machen. Antagonistische Nahrungsmittel (wie Milch und Essig oder Rettich und Honig) erzeugen Tamas in der Körperchemie, wie auch das gleichzeitige Essen von heißen und kalten Speisen. Fleisch, Fisch und Eier sind tamasisch. Bonbons, Kuchen und Brot wirken, wenn sie älter als acht Stunden sind, tamasisch. Lebertran und harte Getränke sind tamasisch, ebenso Medizin, die dämpfend wirkt.

Tamasische Nahrungsmittel verstärken Pessimismus, Unwissenheit, Gier, Faulheit, Irreligiosität, kriminelle Tendenzen und Zweifel, sowie den Mangel an gesundem Menschenverstand. Sie erzeugen trennende Minderwertigkeitskomplexe und Feindschaft.

Auch Essensreste sind tamasisch und Nahrungsmittel, die zerkocht wurden. Lebensmittel besitzen *pranische* Energie (Lebensenergie, Vitalstoffe), die sich verliert, sobald die Nahrung zu lange gekocht, überreif oder alt wird. Trockenmilch ist tamasisch und Körner, die Trockenheit verursachen. Wurzelgemüse sind tamasisch, mit Ausnahme von süß schmeckenden, kohlehydratreichen Wurzeln wie Karotten, Roten Beeten, süßen Kartoffeln, weißen Rüben. Erdnüsse sind tamasisch. Tierische Fette sind tamasisch, ebenso Nahrungsmittel, die mit ihnen gebraten werden. Alle Nahrungsmittel, die Nihilismus erzeugen sind tamasisch.

Wer wach und inspiriert leben möchte, sollte tamasische Nahrung meiden.

Der Hauptgesichtspunkt bei der Einteilung der Nahrungsmittel in sattvisch, rajasisch und tamasisch richtet sich nach ihrer Wirkung auf den menschlichen Organismus. Es ist von Bedeutung, ob sie Hitze, Trockenheit oder starke Kälte erzeugen. Ob sie den menschlichen Organismus stimulieren, das heißt die Drüsensekretionen und somit auch die psychischen Zentren (*Chakras*) anregen. Ob sie nur zeitweise nervöse Spannungen lösen oder ob sie einen langzeitigen Erhaltungseffekt haben. Ebenso die Art ihrer Nachwirkungen. Und ob sie direkt assimilierbar sind oder ob ihre Verdauung Zeit und Energie in Anspruch nimmt. Auch ist es wichtig zu wissen, wie die Lebensmittel auf Wind, Galle und Schleim (Vayu, Pitta und Kapha) wirken.

DER GESCHMACKSSINN UND SEIN EINFLUSS AUF DAS TEMPERAMENT

Alle Nahrungsmittel, besitzen eine chemische Natur. Doch obgleich es zahlreiche Chemikalien gibt, erzeugen sie nur sechs unterschiedliche Geschmacksempfindungen. Diese sind: 1. süß, 2. sauer, 3. salzig, 4. bitter, 5. scharf-beißend, 6. adstringierend (metallisch).

Jede dieser Geschmacksempfindungen entsteht aus der Kombination von zweien der insgesamt fünf Elemente Erde, Wasser, Feuer, Luft und Akasha (Äther).

*1. **Der süße Geschmack** – Madhura Rasa*

Der süße Geschmack entsteht aus der Verbindung von Wasser und Erde. Dieser Geschmack ist seiner Natur nach sattvisch. Deshalb ist süß schmeckende Nahrung nahrhaft, wohltuend und befriedigend. Sie liefert dem System Kalorien, beseitigt Nervosität, die durch Glukosemangel entsteht, hilft bei Übersäuerung, gibt der Haut einen strahlenden und gesunden Glanz und heilt Störungen, die von Wind (Vayu) und Galle (Pitta) verursacht werden. Honig und Zucker sind die besten Beispiele für den süßen Geschmack. Ausschließliche oder übermäßige Verwendung süßer Nahrung vermehrt jedoch den Schleim (Kapha) und macht dick. Außerdem verursacht der Genuß von übermäßig süßen Sachen Verstopfung, Verdauungsbeschwerden und Würmer.

2. *Der saure Geschmack – Amla Rasa*

Der saure Geschmack entsteht aus der Vermengung von Wasser und Feuer. Er besitzt eine rajasische Natur und wirkt deshalb anregend auf den Geist. Er regt den Appetit an und den Speichelfluß – allein schon der Gedanken an etwas Saures (Essig!) macht den Mund wässrig. So fördert er den Verdauungsvorgang und heilt Krankheiten, die vom Wind (Vayu) verursacht werden. Zitrone und Joghurt sind die besten Repräsentanten der sauren Geschmacksrichtung.

Im Übermaß genossen ist saure Nahrung schädlich für Enthaltsamkeit übende Menschen sowie generell für Männer, da sie den Samen verdünnt. Außerdem irritiert zuviel Saures die Kehle, übersäuert das Blut und vermehrt Galle (Pitta) und Schleim (Kapha).

3. *Der salzige Geschmack – Lavana Rasa*

Der salzige Geschmack entsteht aus der Verschmelzung von Erde und Feuer. Er ist seiner Natur nach rajasisch und erweckt deshalb Appetit. Er zieht das Wasser an, erweitert die Körperkanäle und heilt Krankheiten, die vom Wind (Vayu) verursacht werden, auch verflüssigt er den Schleim (Kapha). Steinsalz, Meersalz und Salinensalz sind gute Beispiele für diesen Geschmack. Die Verwendung von nur oder übermäßig viel salziger Nahrung erzeugt Trokkenheit im Körper, Falten, verunreinigt das Blut und verursacht Hautkrankheiten und Krankheiten, die im Zusammenhang mit Funktionsstörungen der Galle (Pitta) stehen. Übermäßig viel Salz schadet auch den Zähnen.

4. *Der bittere Geschmack – Tikta Rasa*

Der bittere Geschmack entsteht aus der Verbindung von Luft und Akasha (Äther). Er ist seiner Natur nach rajasisch und wirkt appetitanregend und blutreinigend. Er transportiert Giftstoffe aus

dem Körper und tötet Würmer in den Verdauungsorganen. Der bittere Geschmack heilt Krankheiten, die von Galle (Pitta) und Schleim (Kapha) verursacht werden.
Bittermelone (Karela), Asafötida (Hing) und Chinin sind beispielsweise bitter im Geschmack.
Wird der bittere Geschmack allein oder im Übermaß genossen, erzeugt er Krankheiten, die vom Wind (Vayu) verursacht werden, was zu Energieverlust und Nervosität führt.

5. ***Der scharf-beißende Geschmack*** *– Katu Rasa*

Der scharf-beißende Geschmack bildet sich aus der Verbindung von Luft und Feuer. Er ist von rajasisch-tamasischer Natur und wirkt anregend auf die Sinnesorgane. Genießt man diesen Geschmack in seiner reinen Form (etwa als Chilliepfeffer) genügt bereits ein kleines Stück, um die Tränen fließen und die Nase laufen zu lassen.

Der scharfe Geschmack regt den Kreislauf an, wirkt schweißtreibend und heilt Krankheiten, die durch gestörten Schleim (Kapha) verursacht werden. Er trocknet Wunden aus und vernichtet Würmer im Gebiet des oberen und unteren Verdauungstrakts. Schwarzer Pfeffer, Ingwer und roter Chilliepfeffer sind scharf-beißend im Geschmack.

Wird dieser Geschmack zuviel oder alleine verwendet, verursacht er brennende Empfindungen in der Kehle, Gastritis, Schmerzen im Körper sowie Krankheiten, die vom Wind (Vayu) verursacht werden. Übermäßiger Genuß von scharfer Nahrung ist schädlich für die Augen und für die Samenflüssigkeit, auch erzeugt sie Durst und trocknet Kehle, Mund und Lippen aus.

6. Der adstringierende (metallische) Geschmack – Kasaya Rasa

Der adstringierende Geschmack entsteht aus der Verbindung von Luft und Erde. Seiner Natur nach ist er rajasisch. Er reinigt das Blut, erzeugt Trockenheit, verstärkt den Wind (Vayu) und ist gut für die Haut. Er hilft der Verdauung und der Assimilation von Fetten und Ölen und heilt Krankheiten, die von Galle (Pitta) und Schleim (Kapha) verursacht werden.

Der leicht zusammenziehende Geschmack von Metall ist ein gutes Beispiel für diese Geschmacksrichtung.

Allein oder zuviel genossen erzeugt der adstringierende Geschmack Trockenheit im Mund, am Gaumen und auf den Lippen. Auch verursacht er dann Verstopfung, Veränderung der Hautfarbe und erzeugt Durst und Krankheiten, die durch gestörten Wind (Vayu) entstehen.

Daraus ersehen wir, daß die sechs Geschmacksempfindungen direkt für die Tätigkeit und das Gleichgewicht der drei Humoren Wind, Galle und Schleim verantwortlich sind.

Wind (Vayu) wird angeregt durch adstringierenden, bitteren und scharfen Geschmack und unterdrückt durch süßen, sauren und salzigen Geschmack.

Galle (Pitta) wird angeregt durch scharfen, sauren und salzigen Geschmack und unterdrückt durch süßen, adstringierenden und bitteren Geschmack.

Schleim (Kapha) wird angeregt durch süßen, sauren und salzigen Geschmack und unterdrückt durch bitteren, scharfen und adstringierenden Geschmack.

Die Aufgabe eines guten Kochs ist es, die Speisen harmonisch mit allen sechs Geschmackskomponenten zu versorgen, anstatt sich nur allein auf den süßen, salzigen oder sauren Geschmack zu beschränken und die restlichen Geschmacksrichtungen gar nicht zu verwenden. Der Mensch ist so geschaffen, daß er sechs unterschiedliche Geschmacksrichtungen wahrnehmen kann. Und wenn nun nicht alle sechs Geschmackspapillen abwechselnd angesprochen werden, bleiben einige von ihnen stets unbefriedigt, was vom System als Mangel bestimmter Chemikalien erfahren wird und Störungen hervorruft.

Die ausgewogene Nahrung sollte alle sechs Geschmacksrichtungen im richtigen Verhältnis enthalten. Einige Geschmäcker brauchen wir in größeren Mengen, andere in kleineren Mengen, je nach ihrer Stärke und Potenz. Übermäßiger Gebrauch von allem ist schädlich und kein Geschmack sollte ganz allein verwendet werden, mit einer Ausnahme – bei Fastentagen.

Nahrung und ihre Qualitäten

Nahrung, die im Körper Hitze erzeugt, regt die Galle (Pitta) an und heilt Kälte. Ihr Gebrauch wird vom System als wärmend empfunden. Heiße Nahrung eignet sich für Schleim (Kapha) dominierte Individuen.

Nahrung, die im Körper Kälte erzeugt, regt den Schleim (Kapha) an und heilt übermäßige Hitze. Ihre Verwendung wird vom System als kühlend empfunden. Kalte Nahrung eignet sich für Galle (Pitta) dominierte Individuen.

Heiße und ölige Nahrung wirkt wohltuend, salbend und beruhigend. Sie heilt Krankheiten, die vom Wind (Vayu) verursacht werden und Schmerzen jeder Art. Heiße und ölige Nahrung eignet sich für Wind (Vayu) dominierte Individuen.

Heiße und trockene Nahrung wirkt heiß, trocken und entwässernd. Sie heilt Krankheiten, die durch Schleim (Kapha) verursacht werden. Heiße und trockene Nahrung eignet sich für Schleim (Kapha) dominierte Individuen.

Kalte und trockene Nahrung wirkt kühlend und austrocknend. Sie verstärkt den Wind (Vayu) und verschlimmert Schmerzen. Kalte und trockene Nahrung eigent sich für Galle (Pitta) und Schleim (Kapha) dominierte Individuen.

Kalte und ölige Nahrung ist kühlend, klebrig, heilt Hitze und Trockenheit und vermehrt den Schleim (Kapha). Kalte und ölige Nahrung eigent sich für Galle (Pitta) dominierte Individuen.

Die Rolle der Gewürze bei der Ernährung

Aromastoffe versehen die Nahrung mit unterschiedlichen Geschmacksempfindungen. Die gebräuchlichsten Aromastoffe der indischen Küche sind die nachfolgend aufgeführten Gewürze (Seite 51ff.).

Diese Gewürze haben einen angenehmen, intensiven Geruch und einen charakteristischen Eigengeschmack, der sowohl appetitanregend als auch befriedigend wirkt. Die Gewürze machen die Speisen schmackhaft und verändern die chemische Natur der Nahrung, sie besitzen außerdem ein eigenes Aroma und erzeugen dadurch eine eigene Küchenatmosphäre die sehr appetitanregend wirkt. Einige Gewürze riechen so intensiv, daß man sie bereits aus der Ferne wahrnehmen kann. Asafötida (Hing), Bockshornkleesamen und -blätter, Knoblauch, Lorbeerblätter, Zimt und Zwiebeln besitzen beispielsweise ein sehr starkes Aroma.

Dann gibt es aber auch ausgesprochen milde Gewürze, deren zartes Aroma erst beim Servieren zur Entfaltung kommt. Bestimmte Gewürze erinnern uns an herzhafte Gerichte, andere an köstliche Süßspeisen. Auch schlecht riechende Nahrungsmittel können durch ein gutes Aroma einen angenehmen Geruch erhalten und eine Veränderung ihrer gesamten chemischen Natur erfahren.

Da die Gewürze eine so starke Wirkung auf unsere Körperchemie haben, ist es wichtig zu wissen, wie man sie richtig verwendet. Dann können auch unangenehme Begleiterscheinungen – wie beispielsweise der Geruch von Knoblauch und Zwiebeln – einfach vermieden werden. Knoblauch und Zwiebeln enthalten beide so starke Chemikalien, die man noch lange Zeit nach dem Verzehr durch Atem und Poren riechen kann. Dabei gibt es ein hilfreiches und wohlschmeckendes Hausmittel, das nach dem Essen gekaut, den Geschmack verändert und Mund und Atem reinigt:

Die Hälfte einer beliebigen Menge Anissamen wird trocken in der Pfanne, bei gleichmäßiger niedriger Hitze, angeröstet und mit der ungerösteten Hälfte Anissamen vermengt, dazu gibt man die sechsfache Menge an Kokosnußraspeln und den Inhalt einer grünen Kardamomkapsel pro 1 Eßl. dieser Mischung und 1 Eßl. Kandis-

zucker (der in einem Porzellanmörser fein zerrieben wird) pro Tasse der Mischung.

Es genügt bereits, einen Teelöffel dieser »Gota«-Mischung nach dem Essen langsam – wie einen Kaugummi – zu kauen. Es erfrischt Mund und Atem und regt die Speichelproduktion an, was auch der Verdauung zugute kommt.

Bockshornkleeblätter
geben allen Hülsenfrüchten, Bohnen und vor allem Kartoffeln ein herrliches Aroma. Kocht man Kartoffeln und grüne Bockshornkleeblätter mit einigen Knoblauchzehen oder Asafötida, wird ein appetitanregendes mildes Aroma das ganze Haus durchziehen.

Cumin (Kreuzkümmel)
wird als Joghurt-Gewürz verwendet. Er macht Joghurt verdaulicher und reduziert seine schleimproduzierende Wirkung.

Cuminsamen
werden zusammen mit Asafötida zum Würzen aller Dals, Hülsenfrüchte und Bohnen verwendet; blähende Speisen werden mit ihrer Hilfe bekömmlicher.

Ingwer
verleiht Tee und allen Bohnen und Hülsenfrüchten ein angenehmes Aroma und hilft bei schwachem und nervösem Magen sowie bei Blähungen und Appetitlosigkeit.

Korianderblätter
wirken appetitanregend, sind aromatisch und werden gern in Curries verwendet.

Minze
würzt fast alle Speisen und verleiht ihnen einen scheinbar kühlenden Effekt. Doch ihrer Natur nach ist die Minze heiß und vermittelt nur der Kehle ein kühlendes Gefühl.

Nelken
versorgen Reis mit einem vorzüglichen Aroma und vermindern gleichzeitig seine schleimproduzierende Wirkung. Nelken haben außerdem einen desinfizierenden Effekt und werden auch bei der Reinigung von Butter.

Oreganosamen (Ajwain)
machen den Weizen verdaulicher und geben dem Brot und allen schwer verdaulichen Gerichten einen angenehmen Geschmack. Sie werden dem Weizenmehl zugefügt, wenn man Mathris oder schwer verdauliche Puris macht.

Rosenwasser
gibt dem Trinkwasser einen köstlichen Geschmack und macht es bekömmlicher. Rosenwasser kann zum Verfeinern aller Süßspeisen genommen werden.

Safran
gibt Reis, Joghurt und fast allen Süßspeisen eine herrliche Farbe und ein süßes, angenehmes Aroma. Safran kann allein oder zusammen mit frisch zerriebenen grünen Kardamomsamen verwendet werden.

Schwarzer Pfeffer, roter oder **grüner Kardamom, Nelken, Lorbeerblätter** und **Zimt** werden in allen Curries verwendet; sie erzeugen Hitze, geben Energie und regen die Geschmacksknospen an, wie auch die Speicheldrüsen, die mehr Verdauungssäfte produzieren und das Verdauungsfeuer im Magen vermehren. Sie aromatisieren die Speisen und machen sie bekömmlicher.

Sowohl aus **Korianderblättern** wie auch aus **Minze** lassen sich köstliche Chutneys bereiten.

Duft und Geschmack der Gewürze schaffen eine angenehme Atmosphäre, sie stimulieren die Geschmackspapillen, regen den Speichelfluß an und vermehren den Appetit wie auch den Eßgenuß. Nahrungsmittel lassen sich durch die in den Gewürzen enthaltenen wertvollen Vitamine und Mineralstoffe aufwerten und ergänzen.

Auch Gewürze besitzen eine sattvische, rajasische oder tamasische Natur.

Sattvische Gewürze sind Anis, Kardamom, Safran, Rosenwasser, Cumin.

Rajasische Gewürze sind schwarzer Pfeffer, Nelken, Zimt, Ingwer, Lorbeerblätter, Oreganosamen (Ajwain), Asafötida (Hing).

Tamasische Gewürze sind Knoblauch und Zwiebeln.

Die spezifische Wirkung einiger Nahrungs- und Genußmittel

Heiß und trocken: Alkohol
Anis
Auberginen
Bockshornklee
Datteln (getrocknet)
Erbsen (getrocknet)
Grapefruit, saure Sorte
Honig
Ingwer
Knoblauch
Kohlrabi
Linsen
Minze
Mooth Bohnen
roter Pfeffer
Pickles (alle Sorten)
Senfblätter
Tumerik (Gelbwurz)
Walnüsse
Weintrauben
Zimt
Zwiebeln
Tabak (wenn gekaut)

Heiß und ölig:	Äpfel Eier Erdnüsse Feigen Fisch Fleisch Ghee Honigmelone Kandiszucker Kokosnuß, getrocknet Kürbis Mandeln Milch Pinienkerne Pistazienkerne Rahm der Milch Rote Bete Rote Sojabohnen Sago Schwarzer Cumin Sesam Süße Kartoffeln Urad Bohnen (ganz sowie gespalten und enthülst) Weizen
Kalt und trocken:	Beeren Betelnüsse Birnen Blumenkohl Canabis Eis Essig Gerste Grüne Bohnen Kartoffeln Koriander

Lotuswurzeln
Mais
Reis
Rosen
Saure Granatapfelsorte
Tamarinde

Kalt und ölig: Ananas
Bittere Melone (Karela)
Butter
Buttermilch
Eiscreme
Frische Kokosnuß
Frisches Wasser
Grapefruit, süße Sorte
Gurke
Kürbis
Lichis
Orange
Panir (Käse aus Milch hergestellt)
Plantane
Pfirsische
Rettich
Spinat
Squash (gelber, flaschenförmiger
Eßkürbis)
Süße Granatäpfel
Wassermelone
Zitrone
Zucchini

Neutral –
weder kalt
noch heiß:

- Kuhmilch
- Grüne Sojabohnen (Moong Bohnen)
- Mandeln (eingeweicht und geschält)
- Sandel
- Tomaten
- Weiße Rüben

Merke: Jaggeryzucker oder Gur (grober Rohzucker aus Zuckerrohrsaft oder aus dem Saft bestimmter Palmenarten), Rohzucker, eingeweichte und geschälte Mandeln, wirken ihrer Natur nach kalt und verringern Körperhitze und Trockenheit, sobald sie in einem kalten Getränk verwendet werden.

Die humoralen Eigenschaften einiger Nahrungs- und Genußmittel

Schleim	*Galle*	*Luft*
Avocado	Erbsen	Broccoli
Birnen	Erdnüsse	Cornflakes u. grobes Mehl
Blattgemüse	Essig	Petersilie
Blumenkohl	Hülsenfrüchte	Salz
Grapefruit	Kaffee	Squash (gelber, flaschenförm. Eßkürbis)
Honig	Kartoffeln	Zitrone
Kohl	Minze	
Lattich	Quark	
Milch (abgepackte)	Schokolade	
Pilze	Sellerie	
Reis	Sojabohnen	
Seetang	Sonnenblumenkerne	
Spinat	Walnüsse	
Tomaten	Weizen	
Weiße Rüben	Zucker (roh)	
	Zwiebeln	

Galle-Schleim	*Luft-Schleim*	*Luft-Galle-Schleim*
Endivien	Datteln	Frische, rohe Vollmilch
Zucker (raffiniert)	Eßkastanien	Sahne
	Hafermehl	
	Karotten	
	Mais	
	Oliven (reife)	
	Rote Beete	
	Trauben	

Luft-Galle

Bananen

VIBRATIONEN UND NAHRUNG

Vibrationen sind feinstoffliche Frequenzen, die von jedem Individuum durch seine Verhaltensmuster und seine psychische Struktur erzeugt werden. Manche Vibrationen sind so intensiv, daß wir sie über weite Entfernungen hin wahrnehmen können und andere Vibrationen wiederum sind so schwach, daß sich Menschen gegenseitig berühren müssen, damit sie ihre jeweiligen Frequenzen fühlen.

Wenn man über einen langen Zeitraum konstant in ein- und demselben Seinzustand verharrt, erzeugt man Vibrationen, die aus der Entfernung wahrgenommen werden können. Mitunter trifft man Menschen, die über Schönheit, Intelligenz und Wissen verfügen und deren Vibrationen trotzdem störend wirken. Und es gibt Menschen, die unattraktiv und uninformiert sind und an deren Gesellschaft man sich trotzdem erfreut.

Es ist weder die Schönheit noch das Wissen einer Person, was die Menschen anzieht und beeinflußt – es sind die Vibrationen. Manche offensichtlich ärgerlichen und reizbaren Menschen besitzen große Anziehungskraft, während wieder andere Menschen, von scheinbar ruhigem, liebenswürdigem Wesen, äußerst störende Vibrationen haben können. Mitunter fühlen wir uns von unserem genauen Gegenpol angezogen, doch halten diese Freundschaften nicht unbedingt sehr lange. Nur jene Menschen, mit denen wir harmonisch schwingen, das heißt vibrationsmäßig übereinstimmen, werden unsere engen Freunde.

Vibrationen reflektieren die Essenz unseres Wesens. Und nicht nur Menschen, sondern alle Dinge, belebte wie unbelebte, strahlen bestimmte Vibrationen aus. Manche Vibrationen entsprechen unserem individuellen Temperament, andere empfinden wir weder als angenehm noch als unangenehm und wieder andere können wir unter gar keinen Umständen tolerieren. So gesehen kann man Vibrationen in drei Gruppen einteilen:

1. *Angenehme oder positive Vibrationen*
2. *Unangenehme oder negative Vibrationen*
3. *Weder angenehme noch unangenehme, also neutrale Vibrationen*

1. Angenehme oder positive Vibrationen

Alles, was wir *individuell fühlen* und ausdrücken ist nur relativ wahr. Da gibt es nichts, was als *absolute Wahrheit* gelten könnte. Selbst diese Feststellung geht nicht über den Rahmen der Relativität hinaus. Was dem einen angenehm erscheint, ist vielleicht für einen anderen äußerst unangenehm. Doch wir schließen einen Kompromiß und bezeichnen das als angenehm, was die Mehrheit der Menschen als angenehm empfindet. Nach diesem Schema können wir sagen, daß es Vibrationen gibt, die auf die große Mehrheit der Menschen angenehm wirken und bei Vorhandensein dieser angenehmen Vibrationen fühlt man sich allgemein entspannt, inspiriert, gefühlsmäßig positiv gestimmt. Angenehme Vibrationen wirken fördernd und aufmunternd, also positiv, auf das innere Wachstum und die Entwicklung eines Menschen.

2. Unangenehme oder negative Vibrationen

Unangenehme oder negative Vibrationen beenden oder halten das innere Wachstum und die Entwicklung des Menschen auf und erzeugen Unruhe und Erschöpfung. Diese Vibrationen machen verschlossen, negativ und mutlos.

3. *Neutrale Vibrationen*

Neutrale Vibrationen wirken weder störend noch erwecken sie Interesse. Man ignoriert sie nicht völlig, doch findet auch kein anregender Austausch statt. Im Falle einer Kommunikation findet diese auf einer nur sehr oberflächlichen Ebene statt.

Wenn auch kein absoluter Maßstab existiert, mit dem sich Vibrationen messen lassen, so reagiert der menschliche Organismus trotzdem sehr schnell auf sie. Bei diesem Vorgang spielt das parasympathische Nervensystem eine bedeutende Rolle. Das sympathische Nervensystem registriert Vibrationen mit einer sympathischen Reaktion, die dann vom parasympathischen Nervensystem interpretiert und registriert wird. Dabei erzeugt das parasympathische Nervensystem im Organismus ein Vibrationsmuster. Dieses Vibrationsmuster versetzt das sympathische Nervensystem in Schwingung und die endokrinen Drüsen erhalten ein Signal, einen Ton, vom Gehirn (der Hypotalamus empfängt diesen Impuls). Dieser Impuls aktiviert die innersekretorischen Drüsen und durch die Drüsenaktivität verändert sich die gesamte chemische Natur des Organismus. Diese Veränderung innerhalb der Körperchemie erzeugt unsere geistigen Stimmungen und das Temperament.

Obwohl Vibrationen sehr subtil sind, ist ihre Wirkung auf die Lebensvorgänge des Organismus unvermeidbar. Darum ist es für jeden einzelnen von uns wichtig, zu verstehen, wie sie die menschliche Psyche beeinflussen.

Die psychische Struktur des Menschen hängt, wie bereits gesehen, von der Körperchemie ab und diese wird wiederum auf direktem Wege durch die Nahrungsaufnahme beeinflußt. Deshalb ist es auch unvermeidbar, die Ernährung in Verbindung mit den Vibrationen zu sehen und richtig zu verstehen.

Nahrung ist nicht »nur Brennstoff« für unseren Körper. Unsere Nahrung ist genauso lebendig wie wir, das heißt sie unterliegt den gleichen Lebensgesetzen wie wir. Essen ist für uns kein Luxus, es ist eine zwingende Notwendigkeit.

Jeder Organismus ist eine Einheit und je nach Dominanz bestimmter Elemente, die die Körperchemie bestimmen, besitzt jeder Organismus sein individuelles Temperament. Im Laufe der Zeit wird jeder für sich selbst herausfinden, was seinem Körper gut bekommt und was Störungen verursacht; doch unter Millionen von Menschen sind sich nur wenige der Vibrationen bewußt.

Tatsächlich beeinflussen jedoch die Vibrationen unser Bewußtsein, egal ob wir uns ihrer bewußt sind oder nicht. Deshalb ist es auch wichtig, daß dort, wo Lebensmittel wachsen, lagern oder verkauft werden, gute Vibrationen herrschen. Auch wer die Nahrungsmittel putzt, vorbereitet, kocht oder serviert, sollte sich dabei inspiriert, glücklich und zufrieden fühlen. Eine Mahlzeit, die von jemandem gekocht wurde, der gerne kocht, schmeckt ganz anders als eine Mahlzeit, wo der Koch sich während der Zubereitung schlecht gefühlt hat, ärgerlich, bedrückt oder ängstlich war. Beide Köche mögen das gleiche Gericht, nach demselben Rezept bereiten, der Geschmack wird ein anderer sein. Ein Koch, der seine volle Aufmerksamkeit und Inspiration den Speisen widmet, wird besser, schmackhafter und leichter verdaulich kochen.

In Indien herrscht auch heute noch die Tradition, ein Bad zu nehmen, bevor man die Küche zum Zwecke des Kochens betritt. Dieses Reinigungsritual hat einen doppelten Sinn:

1. Durch die Vorbereitung mit dem Bad wird sich der Koch seiner Aufgabe bewußt. Auf diese Weise richtet er seine ungeteilte Aufmerksamkeit auf den Kochvorgang anstatt auf andere Dinge, die seine Energie in irgendeine andere Richtung verbrauchen würden. Die Vorbereitungen versetzen den Koch in die richtige seelische Verfassung.
2. Ein Bad reinigt äußerlich und innerlich. Es beruhigt, entspannt, harmonisiert und beseitigt Erschöpfung und Depression.

Wer sich derart auf das Kochen vorbereitet, wird feststellen, daß es ihm leicht fällt, seine Energie in eine Richtung zu konzentrieren. Macht man daraus eine Gewohnheit, kann man jede Art von Tätigkeit mit der notwendigen Umsicht und entsprechenden Aufmerksamkeit problemlos erfüllen.

Die Nahrung besteht aus Chemikalien und die meisten dieser Chemikalien sind Elektrolyten, sie wirken als Leiter (Konduktoren) und nehmen die Vibrationen des Kochs auf. Kochen ist eine

Kunst und eine Wissenschaft zur gleichen Zeit. Die »Kunst« des Kochens erfordert eine gefühlsmäßige Beziehung vom Koch zur Nahrung. Alle vorbereiteten Aktivitäten, wie das Säubern, Schneiden oder Hacken der Lebensmittel, können mit einem Sinn für Rhythmus und in einer entspannten Atmosphäre ausgeführt werden. Kochen kann genauso viel Freude und Befriedigung bereiten wie jede andere künstlerische Tätigkeit. Kochen wird zur kreativen Kunst, sobald der Koch sein Gefühl voll integriert. Dann kann er gleich einem Hellseher die Botschaften der eigenen Intuition empfangen und immer wieder neue Geschmacksrichtungen und Rezepte kreieren.

In Indien herrscht auch die Tradition, während des Kochens nicht zu kosten. Erst werden die fertigen Gerichte Gott geweiht. Er ist derjenige, der als erster »kostet«. Erstaunlich dabei ist, daß die Speisen auch ohne vorheriges Abschmecken stets perfekt gelingen und alle Zutaten im richtigen Verhältnis enthalten. Diese indische Art des »Kochens nach Gefühl« schärft den Geruchssinn, den Blick und den Tastsinn gleichermaßen. Der Geschmackssinn wird absichtlich nicht benutzt und die gesamte Energie, die sich sonst auf ihn konzentriert, kann zu den anderen Sinnesorganen fließen und steigert ihre Aufnahmefähigkeit. Genau wie bei blinden Menschen der Gehör- und Tastsinn ausgeprägter werden. Es gibt die Geschichte von dem Blinden, der sein eigenes Brot buk und nur auf die Geräusche des Backens zu hören brauchte, um zu wissen, wann das Brot fertig war.

Das Ritual, die Speisen für Gott zu bereiten, und sie *Ihm* als ersten darzubringen und erst danach die Speisen als *Prasad* (die von Gott geweihten Speisen) zu essen, und auch vor dem Essen kurz zu meditieren, verpflichtet den Koch, die Speisen in der richtigen geistigen Verfassung zuzubereiten, das heißt Körper und Geist sauber und rein zu halten. Dies wiederum gibt der Nahrung einen höheren Vibrationswert.

Der Körper ist ein Tempel. Das einzelne Bewußtsein, das in ihm wohnt, ist ein Teil des kosmischen Bewußtseins. Der Körper ist der Tempel des individuellen Bewußtseins und jede Bestrebung, den Körper rein zu halten und gesundes Wachstum und Entwicklung zu fördern, ist eine Art von Gottesdienst. Auch das

Kochen ist eine Art von Gottesdienst und der Koch ist ein Priester. (Berufsmäßige Köche in Indien gehören meistens der Brahmanenkaste, der Priesterkaste, an). Wird die Nahrung in einem göttlichen Sinn bereitet, dann ist dies Alchimie, feinstoffliche Vibrationen verschmelzen harmonisch mit den Speisen und erzeugen einen göttlichen Geschmack.

Speisen, die in Panik zubereitet oder gegessen werden, sind Gift. Essen ist Gottesdienst und sollte nicht in einer unpassenden Atmosphäre geschehen. Die Nahrung kann uns mit höheren Energien versorgen, sobald wir sie als von Gott geweihte Speisen essen und in geistiger Hingabe kochen.

VEGATARISCHE ERNÄHRUNG

Als ich das erste Mal in den Westen kam, stellte mir jeder täglich und überall die gleiche Frage:
»Was ißt Du, wenn Du kein Fleisch ißt?«
»Nahrung!«
»Was für Nahrung?«
»Körner, Früchte, Nüsse, Hülsenfrüchte, Reis, Gemüse.«
»Und wie kannst Du, ohne Fleisch zu essen, Deinen Eiweißbedarf decken?«
»Es ist genügend Eiweiß in Körnern, Nüssen, Hülsenfrüchten, in ganzen und gespaltenen Bohnen, Linsen und dergleichen enthalten, was meinen Tagesbedarf ausreichend deckt.«

Aber die modernen Ernährungsforscher empfehlen tierisches Eiweiß, da dieses ausgewogene Aminosäuren hat. Fleisch, Fisch, und Eier werden ständig gepriesen, von Ärzten, Bundesernährungsstellen und Erziehern. Uns wird gelehrt, daß Fleisch für Gesundheit und Wohlbefinden notwendig ist. Und Menschen glauben, daß sie mangelhaft ernährt werden würden, ohne Steak.

Andererseits schreibt Constance Mellor in der Einführung ihres Buches »Natural Remedies for Common Ailments«: »Unsere Gesundheit – die Gesundheit der ganzen Nation – wurde uns aus den Händen genommen und aus den Händen der Ärzte, von den Herstellern toter Nahrungsmittel und von den Fabrikanten chemischer Substanzen, die in Nahrungsmitteln und bei deren Anbau verwendet werden. Diese Hersteller der Chemikalien, die in und an Nahrungsmitteln verwendet werden, die Nahrungsmitteltechnologen und deren Arbeitgeber – die großen Geschäftemacher –

sind verantwortlich für die unnatürlichen, über-raffinierten, chemisch behandelten Nahrungsmittel unserer Tage und den daraus hervorgehenden weitverbreiteten Gesundheitsschäden.«

Dieselben Ärzte, die Fleisch befürworten, gestehen ein, daß es mehr Purinstoffe enthält, was mehr Harnsäure im Körper erzeugt, als die meisten anderen Lebensmittel. Fleisch ist grundsätzlich ein säurebildendes Nahrungsmittel. Es erzeugt Hitze und hält das System warm, doch es entzieht dem Magen sehr viel Hydrochlorinsäure, was Fleisch ungeeignet macht für alle, die in größeren Mengen Milch und Milchprodukte zu sich nehmen. Auch Fisch ist säurebildend und verträgt sich nicht besonders gut mit Milch und Milchprodukten. Eier machen ebenfalls gewisse Fäulnisprozesse im Darm durch und erzeugen Harnsäure im Körper und faule Gase in den Eingeweiden.

Wir lernen viel, indem wir krank werden, trotzdem sind wir noch nicht in der Lage, Chemikalien von unserer Nahrung völlig auszuschließen und wir essen altbackene Nahrungsmittel, weil uns die Zeit zum Essen fehlt. Noch haben wir die Zeit, selbst unsere eigenen Nahrungsmittel herzustellen. Wir leben von Fertigprodukten, von Nahrungsmitteln, die massenweise in Fabriken und Labors hergestellt werden. Dies alles sind tote Nahrungsmittel, sie können uns – im wahrsten Sinne des Wortes – kein Lebensmittel (ein Mittel, das uns Leben gibt) sein. Alle Krankheiten entstehen durch Giftstoffe, durch Ablagerung von Abfallstoffen oder giftigen Substanzen im Körper als Folge von zu schwacher Ausscheidungs- und Verdauungskraft. Säurebildende und fäulniserregende Nahrungsmittel erzeugen mehr Giftstoffe als giftfreie, leichtverdauliche Lebensmittel, die alle für den menschlichen Organismus wichtigen Nährstoffe enthalten. Mit den Worten von Constance Mellor: »Die Lebensmittel, die ein Fließen der Nervenenergie fördern und die somit der Wiederbelebung helfen, sind die sonnengeküßten grünen Blattgemüse, Salate und Früchte; sie alle sind voll mit Vitalität und lebensspendender Energie.«

George Oshawa sagt in seinem »Praktischen Führer zur fernöstlichen Makrobiotik: »Wo liegt der Ursprung der Nahrungsmittel-Kette? In der vegetabilen Welt. Selbst Tiere, die sich selbst von niedrigeren Tierarten ernähren, hängen letztendlich von der Pflanzenwelt ab. Eine wichtige Entdeckung der modernen abendländischen Physiologie zeigt uns zu unserer Verblüffung, was bereits vor etlichen tausend Jahren im Orient entdeckt wurde: Allein Gemüse besitzen die Fähigkeit, anorganisches Material zu assimilieren und in organische Substanzen umzuwandeln, wie beispielsweise in Kohlehydrate, Eiweiß oder Fett. Eine andere Entdeckung (Heterotropismus) zeigt uns, daß Tiere diese autotrophen Produkte vernichten, um ihre eigene physiologische Konstruktion und dynamische Energie herzustellen. Bereits vor mehreren tausend Jahren war diese Tatsache den großen Religionen des Ostens bekannt – und sie lehrten die Menschheit, sich zu hundert Prozent von Getreiden und Gemüsen zu ernähren und fleischlos glücklich zu sein.«

Gemüse, Früchte, Bohnen, Nüsse und Körner sind vollwertige und ideale Lebensmittel, frei von Giftstoffen. Sie versorgen den Körper mit den wertvollsten Nährstoffen in organischer Form und sind leicht verdaulich. Sie können, wenn reif, roh gegessen werden, in gut durchdachten, köstlichen Kombinationen. Sie erzeugen wenig Abfallmaterial und helfen dem System bei der Ausscheidung von Abfallprodukten und Giftstoffen. Die Vielfalt an verschiedenartigen Gemüsen, Früchten, Körnern, Nüssen und Bohnen ist enorm und bietet uns eine Auswahl an Hunderten von unterschiedlichen Geschmacksempfindungen.

Emotionelle Menschen und Menschen, denen jede Art von Gewalt zuwider ist und die das Konzept, andere Lebewesen zum Zwecke der Selbsterhaltung zu essen, ablehnen, genießen es, Vegetarier zu sein. Millionen von Menschen leben augenscheinlich ein erfülltes und gesundes Leben, ohne jemals eine einzige Fleischfaser gekostet zu haben.

Fleisch ist tote Nahrung: es ist oft mehrere Tage alt, bevor es den Supermarkt erreicht und wurde sicher schon mit Konservierungsmitteln und Farbstoffen behandelt. Die vitale Energie verläßt den Organismus, wenn er stirbt und welche Mittel auch verwendet sein mögen, um sie zu erhalten, der Zerfallsprozeß der Nahrung schreitet fort, bis sie den Verdauungstrakt erreicht. Die Nahrung bleibt im menschlichen System für etwa 24 bis 36 Stunden, bevor sie vollständig ausgeschieden wird. Und Fleisch bleibt sogar bis zu zwei, drei Tagen in Magen und Därmen. Während dieser Zeit geht es in Verwesung über und entzieht mehr Säure, es zerfällt und erzeugt Giftstoffe, faule Gase und Säurerückstände. So wird mit dem Konsum von Fleisch und Büchsennahrung dem System bereits mehrere Tage alte, leblose Energie zugefügt, wo sie weitere zwei bis drei Tage bleibt.

Fleischfressende Tiere besitzen kräftige Mägen und kurze, einfache Därme, die es der Nahrung nur kurze Zeit erlauben, im Körper zu bleiben. Dieser kurze Verdauungszyklus reduziert beides auf ein Minimum, die Zerfallsdauer und die Absorption toxischer Chemikalien. Fleischfressende Tiere ernähren sich von frisch erlegtem Fleisch und schlafen nach einer vollen Mahlzeit zwischen 10 und 24 Stunden.

Unsere Därme sind nicht so lang wie die der grasfressenden Tiere und nicht so kurz wie die der fleischfressenden Tiere. Die Nahrung bleibt für mindestens 24 Stunden im menschlichen Darm und sogar länger, wenn sie nicht ordentlich verdaut wird. Es ist deshalb sehr wichtig, Nahrungsmittel zu essen, die nicht zu rasch zerfallen, die leicht verdaulich sind und weniger Giftstoffe erzeugen.

Es gibt Menschen, die gerne Fleisch, Fisch und Eier essen und ein inspiriertes, gesundes und glückliches Leben führen. Hunderte und Tausende von religiösen Führern, spirituellen Menschen, Lehrern, inspirierten Künstlern und Denkern, Propheten und Heiligen der Vergangenheit aßen Fleisch, Fisch und Eier. Natürlich besteht für jene, die ein gesundes, inspiriertes und spirituelles Leben führen und auch Fleisch essen, keine Notwendigkeit, ihren Lebensstil und ihre Eßgewohnheiten völlig zu verändern, wenn sie aber zusätzlich Früchte, Nüsse und Gemüse essen, werden sie nie irgendwelche Probleme mit Fleisch, Fisch oder Eiern haben.

Die Natur hat zwei Arten von Tieren: fleischfressende und pflanzenfressende. Sie dienen beide ihrem Zweck als ökologische Instrumente der Natur. Gewöhnlich sind pflanzenfressende Tiere sehr friedliebend, unaggressiv, tief und langsam atmend und sozial (sie leben in Herden). Fleischfresser sind schnell- und kurzatmig, nervös und wenig sozial (sie leben nicht in großen Gemeinschaften oder Herden), sie leben mehr nachts, sind übererregt und übelriechend. Doch Raubtiere sichern den natürlichen Ausleseprozeß, durch den nur die lebenstüchtigsten und anpassungsfähigsten Mitglieder überleben und erhalten so die beste genetische Linie.

Als Mensch hat man die Wahlfreiheit, die ein Tier nicht hat. Wenn fleischfressende Tiere sich entschließen müßten, Pflanzenfresser zu werden, müßten sie jämmerlich zugrunde gehen und umgekehrt. Menschen können ausschließlich von Fleisch leben (wie die Eskimos am Nordpol) oder ausschließlich von Getreiden und Gemüsen (wie die meisten Menschen in Indien). Wenn der Mensch überleben kann, ohne ein anderes Lebewesen zum Zwekke der Selbsterhaltung töten zu müssen, warum sollte er dann töten? Oder wenn er töten muß, dann sollte er nur das Fleisch von frisch getöteten Tieren und Vögeln essen.

Was die Pflanzennahrung betrifft, so konsumiert man mit ihr Nahrung, die dazu bestimmt ist, von Tieren verzehrt zu werden, zur Verbreitung der Samen, was dem Pflanzenwachstum hilft. Am Ende ihres Lebenszyklus sind die Pflanzen darauf angewiesen, daß ihre Früchte zum Zwecke der Arterhaltung verzehrt werden. Das ist der Grund, warum Früchte und Samenkapseln so anziehend sind, sie müssen die Aufmerksamkeit ihrer Helfer, der Pflanzenfresser, erregen, wenn sie reif sind und ihr Lebenszyklus zu Ende geht.

Pflanzen bilden die Basis aller Nahrungsketten; sie ziehen Kohlendioxyd aus der Atmosphäre, nehmen Mineralstoffe und Wasser aus dem Boden und stellen mit Wärme des Sonnenlichts Glukose her, die Grundnahrung aller lebendigen Organismen. Alle lebenden Formen hängen von diesem Vorgang der Photosynthese ab, der Herstellung von Glukose durch Pflanzen. Selbst fleischfressende Tiere sind letztendlich auf photosynthetische Energie aus zweiter Hand angewiesen, die durch den Metabolismus der pflanzenfressenden Tiere in Fleisch umgewandelt wird.

Wer eine natürliche und friedvolle Lebensweise anstrebt, sollte seinen Verbrauch an tierischer Nahrung langsam reduzieren (ausgenommen sind Milch und Milchprodukte), den Verbrauch an frischen Früchten, Gemüsen, Keimen, getrockneten Bohnen und Nüssen erhöhen und sein Energieniveau wird sich heben. Der menschliche Körper ist nicht auf den Verzehr von ausschließlich rohen Gemüsen und Früchten, Getreiden und Hülsenfrüchten eingerichtet. Pflanzenfresser haben lange Därme, da es einiger Anstrengung bedarf, Fasern und Gewebe roher Pflanzen zu zerlegen. Der Mensch hat das Feuerelement gemeistert, das den Energieaufwand der Verdauungsorgane erheblich reduzieren kann. Körperwärme und Magensäuren liefern die Katalysatoren für die Verdauungsvorgänge. Schwerverdauliche Speisen benötigen mehr Magensäure. Je schwerer verdaulich ein Speise ist, desto mehr Energie ist zur Verdauung nötig.

Der Weg des geringsten Widerstandes ist, gekochte vegetarische Nahrung mit Früchten, Salaten, gekeimten Bohnen (gedämpft für alte Menschen), Nüssen und Samen zu essen. Die gekochte Nahrung sollte stets innerhalb von einundeinhalb Stunden nach der Zubereitung gegessen werden.

ERNÄHRUNG UND JAHRESZEITEN

Die Energiemuster des Planeten Erde verändern sich während des Jahres, je nach seiner Lage innerhalb des Sonnensystems. Diese Veränderungen machen sich als Jahreszeitenwechsel bemerkbar und beeinflussen sowohl die belebte, als auch die unbelebte Materie des Planeten.

Vier verschiedene Jahreszeiten sind allgemein der gesamten westlichen Welt bekannt, im Gegensatz zu den sechs Jahreszeiten, die in Indien zu beobachten sind. Diese vier Jahreszeiten wiederholen ihren Zyklus jedes Jahr in nahezu der gleichen Weise:

1. Frühling – beginnt am 21. März und dauert bis zum 20. Juni
2. Sommer – beginnt am 21. Juni und dauert bis zum 21. September
3. Herbst – beginnt am 22. September und dauert bis zum 21. Dezember
4. Winter – beginnt am 22. Dezember und dauert bis zum 20. März

Die vier Haupt-Jahreszeiten sind durch zwei Sonnenwenden gekennzeichnet – die Frühlings- und Herbst-Sonnenwenden und die Sommer- und Winter- Sonnenwenden (siehe Diagramm).

An zwei Tagen jedes Jahres, am 21. März und am 22. September, findet eine Tag-und-Nacht-Gleiche statt. Ansonsten sind im Sommer die Tage länger und im Winter sind die Nächte länger. Am 21. März und am 22. September befinden sich die Strahlen der Sonne direkt über dem Erdäquator – so neigt sich keiner der beiden Pole zur Sonne. Diese beiden Tage sind als Frühlings- und Herbst-Equinoxen bekannt.

Vom 21. März an beginnt sich der Nordpol zur Sonne zu neigen und fährt damit fort bis zum 21. Juni, wo er sich am stärksten zur Sonne neigt und ein Maximum an Hitze, Energie und Sonnenstrahlen erhält. Der Wechsel nimmt eigentlich am 12. Januar seinen Anfang, und am 21. März befindet sich der Nordpol in seiner geraden Lage und ist nicht zur Sonne geneigt. Die stärkste Neigung des Nordpols zur Sonne, am 21. Juni, ist durch die Sommersonnenwende gekennzeichnet. Am 22. September befindet sich der Nordpol wieder in seiner geraden Lage, also nicht zur Sonne geneigt, danach jedoch entfernt er sich von der Sonne und ist am 22. Dezember dann am weitesten von der Sonne entfernt. Dieser Punkt ist als Wintersonnenwende bekannt.

Das Jahr ist somit in zwei Zyklen von jeweils sechs Monaten unterteilt:

I. Der erste Zyklus beginnt am 21. März, wenn sich der Nordpol zur Sonne neigt. Diese Periode wird in Sanskrit »Uttarayana« genannt. Das Wort Uttarayana bedeutet wörtlich: »gen Norden«. Von der Erde aus gesehen scheint die Sonne vom nord-östlichen Winkel aus aufzugehen. Dieser Zyklus umfaßt Frühlings- und Sommerzeit.

II. Der zweite Zyklus beginnt am 22. September, wenn sich der Nordpol von der Sonne entfernt, während die Erde sich in ihrer Bahn um die Sonne bewegt. Diese Periode wird im Sanskrit »Dakshinayana« genannt und bedeutet wörtlich »gen Süden«. Die Sonne scheint vom süd-östlichen Winkel des Horizontes aufzugehen. Dieser Zyklus besteht aus Herbst und Winter.

Im ersten Zyklus, Uttarayana, (der Nordpol unserer Erde steht zur Sonne) ist die Sonnenkraft sehr stark, da die Sonne sich in direkter Lage zum bewohnten Teil des Planeten Erde befindet. Die Sonne trocknet die Erde und alles auf ihr befindliche Leben aus. Der bittere, adstringierende und scharf-beißende Geschmack herrscht in der Natur vor. Das Blut wird dick durch die Hitze und durch die rasche Verdunstung des Wassers. Die Blutzirkulation nimmt ab. In Ländern mit kaltem Klima freuen sich die Menschen auf die heiße Jahreszeit. In heißen Ländern ist diese Jahreszeit sehr anstrengend, sie macht die Menschen schwach. Die starke Hitze der Sonne macht träge. In sehr heißen Gebieten entzieht die

Sonnenhitze dem Blut die Feuchtigkeit und macht es dick. In solchen Ländern müssen die Menschen viel Wasser trinken und süße Sherbats (eine Zucker-Wasser-Mischung), um die Blutchemie im Gleichgewicht zu halten. Der Frühling gilt als beste Zeit der Uttarayana. Er ist auch als die Jahreszeit von Cupid (Kama, dem Liebesgott) bekannt. Der Frühling ist die Jahreszeit der Reinigung (Entschlackung). In dieser Jahreszeit gerät leicht der Humor des Schleimes (Kapha) aus dem Gleichgewicht und man sollte es vermeiden, schleimerzeugende Nahrungsmittel zu essen.

Im zweiten Zyklus, Dakshinayana, (der Nordpol der Erde entfernt sich von der Sonne) ist die Mondkraft dominierend. Der Mond macht die Erde feucht und naß. Der saure, salzige und süße Geschmack herrscht in der Natur vor. In kalten Ländern ist der Beginn dieses Zykluses, der Herbstanfang, eine angenehme Jahreszeit. Die Menschen fühlen sich wohl und gesund und sammeln langsam Energien für den Winter. Nach Dezember setzt der Frost ein und die Menschen brauchen wesentlich mehr Kalorien, um ihre Körperhitze aufrecht zu erhalten. Diese Jahreszeit ist sehr gesund in heißen Ländern und gibt auch den Menschen kalter Länder Energie (gemeint ist nicht extrem kaltes Klima, wie am Nordpol). Der Humor des Windes (Vayu) herrscht in der kalten Jahreszeit stärker vor und die Menschen leiden mehr an Krankheiten des Nervensystems: Rheumatismus, Arthritis, Gicht usw. In manchen Ländern ist der Winter eine äußerst harte Jahreszeit und die Menschen warten sehnsüchtig auf den Frühling. »Wenn der Winter kommt, kann der Frühling weit zurück liegen«, sagt Shelly in seiner Ode an den Westwind.

Nahrungsmittel für den Frühling

Der Frühling ist eine Jahreszeit der Reinigung. Während des Winters hat der Körper viele Giftstoffe angesammelt und mit dem Eintritt des neuen Jahres und dem es begleitenden Wechsel im Energiemuster tritt langsam alles Leben, das sich in einem langen Winterschlaf befand, wieder zum Vorschein. Die Bäume, die ihren schneeigen Wintermantel trugen, werden kahl und neue

Blätter beginnen vorsichtig, durch die Zweige zu blicken. Die Landschaft zieht wieder ihr grünes Kleid an. In Indien wird diese Jahreszeit mit »Navratra« einer neuntägigen Fastenperiode, eingeleitet. Während dieser neun Tage nimmt man entweder nur ein paar Gewürznelken am Tage zu sich, oder ausschließlich Zitronenwasser, oder nur Früchte, oder man enthält sich völlig stark gewürzter Speisen. Je nach Wunsch und Veranlagung kann eine der aufgezählten Fastenmethoden zur Reinigung gewählt werden. Die Praktik ist auch heutzutage noch unter den Hindus weit verbreitet. Auch in anderen Teilen der Welt reinigen die Menschen ihren Körper durch Fasten mit entweder traditionellen Methoden oder sie folgen ihren eigenen, individuell abgestimmten, Mitteln.

Im Frühling herrscht der Schleim im Körper vor und das Verdauungsfeuer wird schwach. Deshalb sind Nahrungsmittel wie Weizen, Buchweizen, Sojabohnen, Gerste, Kichererbsen, gespaltene Erbsen, Linsen, Senfkörner, Auberginen, Zucchinis, Bananen, Honig, Oreganosamen, Cuminsamen, Ingwer, Rettiche, Kürbis, Hing, Bockhornklee, reife Gurken, Bittermelonen, Mangos, Äpfel, Birnen, Safran, Tumerik und roter Kardamom empfehlenswert zu essen.

Süße, saure, ölige und schwere Speisen sowie Joghurt sollten gemieden werden. Auch sollte möglichst wenig Salz verwendet werden. Urad Bohnen sollten gemieden werden, wie auch Kartoffeln, es sei denn sie werden mit Bockshornkleeblättern, Cuminsamen, Ingwer oder Knoblauch gekocht. Kälte erzeugende und alte, abgestandene Nahrung sind ebenfalls zu meiden.

Das Essen von Malai (die Haut der abgekochten Milch) mit frisch zermörserten roten Kardamomsamen und einer Prise schwarzem Pfeffer – vor dem Zubettgehen – hält gesund.

Nahrungsmittel für den Sommer

Der Sommer ist eine Jahreszeit, die träge macht. Während der Wintermonate sammelt der Körper natürlicherweise Kalorien in Form von Fett an, um sich gegen die Kälte zu wappnen. Im Sommer wird dieses Fett automatisch verbrannt. Dadurch entsteht viel Hitze im Körper, die zusätzlich Wasserstoffentzug kreiert. Der Glukosegehalt des Blutes steigt beträchtlich an, da sich das Fett während des Verbrennungsprozesses in Glukose und Aminosäuren aufspaltet, die schließlich vom System zur Energieproduktion absorbiert werden. Bei der Fettverbrennung wird das Blut dickflüssig und dehydriert. Die vitalen Flüssigkeiten verdichten sich, werden träge – und weniger Nährstoffe erreichen das Gehirn, da das Herz nur geringe Blutmengen befördern kann. Deshalb ist es lebensnotwendig, an heißen Sommertagen dem Körper mehr Flüssigkeiten in Form von Wasser oder süßem Sherbat (einer Zucker-Wasser-Mischung) zuzuführen.

Der bittere, zusammenziehende und scharf-beißende Geschmack nimmt zu in dieser Jahreszeit. Das Verdauungsfeuer nimmt ab und damit die Verdauungskraft des Magens. So wie im Frühling das neue Leben zu sprießen beginnt, so trocknet im Sommer alles aus und die meisten Lebewesen leiden an Erschöpfung. In kalten Ländern widmet man die Zeit dem Sommersport; denn diese Jahreszeit ist lange nicht so grausam wie in heißen Ländern, wo die Menschen nackt im Freien laufen könnten. Der Schweiß rinnt aus dem Körper wie das Wasser aus dem Springbrunnen und der Durst kann selbst durch Trinken großer Wassermengen nicht gestillt werden. Alle natürlichen Salze verlassen den Körper mit dem Schweiß, und die Gefahr eines Hitzschlags nimmt durch das Fehlen von Körpersalzen und Glukose zu.

Gurken, Netz- und Honigmelonen, alle Arten von Beeren, Pfirsiche, Birnen, Lichis, Aprikosen, Pflaumen, Wassermelonen, Ananas, Trauben, Grapefruits, Orangen und andere saftige Obstsorten sind ideale Lebensmittel für die Sommerzeit. Schattige Plätze in der Nähe von Bäumen und Berge sind geeignete Aufenthaltsorte während heißer Sommertage.

Reis, gelagerter Weizen (besser als neue, frische Ernte), süße Gerichte, Zitronen und Zitronengetränke, Kuhmilch, Ziegenmilch, Rosenwasser, Gulkand (eine süße, honigartige Substanz mit Rosenblättern – ähnlich einer Rosenblätter-Marmelade), Quell- oder Brunnenwasser sind ausgezeichnete Nahrungsmittel und Getränke. Des weiteren sind Bananen, Mangos (in Verbindung mit Milch), Wasserkastanien, Zucchinis, alle weichen wässrigen Gemüsearten, Frucht- und Blattsalate, Blattgemüse wie Spinat, Wasserkresse, Weiße Rübenblätter, Retticbe, Sellerie, Bittermelone (Karela) und Buttermilch sehr zu empfehlen. Der Sommer ist die Zeit, um Raitas (eine Mischung aus Joghurt und Gemüsen)* zu genießen, vorzugsweise mit Gurken oder Pfefferminze. Die Minze ist zum Kühlen des Systems ein ideales Sommerkraut und kann in zahlreichen Abwandlungen verwendet werden. Die feingeschnittenen, frischen Minzblätter eignen sich, um Raitas zu garnieren. Trockenes Pfefferminzpulver (zerriebene trockene Minzblätter) kann in Getränken und Salaten verwendet werden, auch die frischen Blätter können selbstverständlich mit Salaten gegessen werden. Pfefferminztee ist allgemein bekannt und kalt ist er ein erfrischendes Sommergetränk. Pfefferminz-Chutney* zu den Mahlzeiten gegessen, hilft dem Verdauungsfeuer, das während der Sommermonate schwächer ist.

Saure, beißend-scharfe, salzige, bittere und adstringierende Geschmacksrichtungen sollten während des Sommers weitgehendst gemieden werden; ebenso trockene und heiße Nahrungsmittel wie Urad-Bohnen, Kichererbsen, Senfkörner, Auberginen, Knoblauch und Gewürze wie Muskat, Lorbeerblätter, Zimt und Ingwerpulver. Tumerik kann in Verbindung mit Koriander in kleinen Mengen, doch nicht sehr häufig, verwendet werden.

Anis, Tamarinde, Cumin und Koriander sind typische Sommergewürze. »Gota«,* Mischung aus Anissamen, Kokosnußraspeln und pulverisiertem Kandiszucker, ist hervorragend für den Sommer. In Indien ist »Lassi« ein kaltes Joghurt-Getränk mit braunem Zucker oder Rohzucker und kaltem Wasser sehr beliebt. Rosenwasser und Kewdawasser helfen den Durst stillen. Einige Tropfen Rosen- oder Kewdawasser können jeweils dem Quellwasser, *Sherbat* oder *Lassi* zugefügt werden. Ein spezielles Getränk namens *Thandayee* ist unter den Reichen und den Mittelstandschichten Nordindiens weitverbreitet. Das Wasser der frischen Kokosnuß (auch als Kokosnußmilch bekannt) wird in Küstengebieten häufig getrunken.

* Entsprechende Rezepte finden Sie in »Das Ayurweda-Kochbuch« von Harish Johari, Durach 1988.

Nahrungsmittel für den Herbst

In kälteren Ländern ist der Herbst die Jahreszeit, in der sich die Farben in der Natur verändern. Das Klima ist gemäßigt – weder heiß noch kalt – wogegen noch im Frühling mit gelegentlichen Regen- oder Schneefällen eine Art milde Winteratmosphäre vorherrscht.

Der Herbst ist eine sehr angenehme Jahreszeit. Die Galle (Pitta) ist in dieser Zeit verstärkt. Aus diesem Grunde sollten Nahrungsmittel, die eine verstärkte Galle beruhigen, verwendet werden. Auch der Herbst ist wieder eine Zeit der Körperreinigung und wird in Indien (wie auch der Frühling) mit einer neuntägigen Fastenzeit – *Navratra* – gefeiert. Diese Fastenperiode ist als »Shardiye Navratra« (Herbst Navratra) bekannt. Der Nordpol beginnt sich langsam von der Sonne zu entfernen, und die Sonne wird *Dakshinayana* (wandert gen Süden). – Die Nächte der Götter beginnen. Vorbereitungen für den Winter wedren getroffen. Der Körper beginnt Hitze anzusammeln, um sich gegen die Kälte des Winters zu wappnen, und dies ist einer der Gründe für die Vermehrung der Galle oder Pitta. Im Frühling bereitet sich der Körper darauf vor, Kälte zu speichern, um sich vor heißen Sommertagen zu schützen, was dann den Schleim (Kapha) verstärkt.

Im Herbst helfen der süße, der bittere und der zusammenziehende Geschmack, die verstärkte Galle zu beruhigen. Bittere und zusammenziehende Geschmacksrichtungen sind in vielen Gewürzen und verschiedenen Lebensmitteln zu finden, wie in der Bittermelone (Karela), in Knoblauch, Zwiebelrohren, Bockshornkleesamen, Ingwer, Hing (Asafötida), Muskat, Stangenbohnen und dergleichen mehr.

Kalte Nahrungsmittel sind nicht mehr so ideal wie in den heißen Sommertagen. Die Verwendung von Getreiden wie Weizen, Gerste, Mais und Reis wird empfohlen sowie von Urad-Bohnen, Moong-Bohnen, roten Linsen, gespaltenen Erbsen mit Schale und Hülsenfrüchten allgemein. Die Blätter der Senfpflanze, Auberginen, Gurken, Kraut, Zucchini, Blumenkohl, Tomaten, Stangenbohnen und Erbsen sind ebenfalls empfehlenswert. Rote Linsen, Gurken und gespaltene Erbsen mit Zucchini ergeben eine gute

Kombination in Dal-Gerichten. Der Gebrauch von Butter, Milch und Milchprodukten, in gemäßigten Mengen, hält gesund und gibt Energie, wie auch die Verwendung von Kokosnuß, Mangos, Bananen, Beeren, Melonen und dergleichen Frischobstsorten und Datteln, Feigen und Aprikosen in Form von Trockenfrüchten.

Sehr gut ist eine Milch, die aus über Nacht eingeweichten Nüssen hergestellt wird. Fasten ist sehr anzuraten.

Heiße und trockene Nahrungsmittel wie auch kalte und trockene Nahrungsmittel sollten gemieden werden.

Der Herbst ist eine aktive Jahreszeit, eine Zeit für sportliche Betätigung, für Übungen und Reinigungskuren, wie auch eine Zeit für Vergnügungen. Es wird nur wenig Nahrungsmaterial benötigt, da genügend Energie in der Atmosphäre vorhanden ist, die Strahlen der Sonne befinden sich direkt über dem Erdäquator.

Nahrungsmittel für den Winter

Die Wintermonate sind von kalter und trockener Natur. Die Sonne scheint nicht so warm und der Wind weht stärker. Wind bringt und verbreitet Kälte. Der Wind selbst ist kalt und trocken, da der Winter eine Jahreszeit der kalten Wellen und kalten Strömungen ist.

Der Humor des Windes (Vayu) herrscht in dieser Jahreszeit auch im Körper vor, und Trockenheit macht sich sowohl im Inneren des Systems wie auch von außen her bemerkbar. Deshalb wird der Gebrauch von ölhaltigen Nahrungsmitteln für diese Zeit empfohlen. Die süße, saure und salzige Geschmacksrichtung verringert den Humor des Windes (Vayu) und ihre Verwendung in den Speisen hält den Organismus gesund. Ölmassage für den Körper ist in den Wintermonaten ein Muß.

In kalten Ländern sind die Winter sehr schwer. Der Körper muß gegen die kalte Außentemperatur kämpfen und verbraucht viele Kalorien, um seine Körpertemperatur aufrecht zu erhalten. Diese innere Hitze macht das Blut dünnflüssiger und verstärkt die Blutzirkulation. Die Nahrung wird rasch konsumiert. Vergleichsweise mehr Nahrungsmaterial wird während dieser Jahreszeit vom Körper benötigt. Selbst schwere Gerichte können im Winter leicht verdaut werden. Der Winter ist die ideale Jahreszeit, um Nüsse und Samen mit Trockenfrüchten zu verwenden.

Weizen, Buchweizen und Hirse sind die Getreide dieser Saison. Unter den Hülsenfrüchten sind besonders Urad Bohnen, Moong Bohnen, rote Linsen, gespaltene Erbsen und Kichererbsen zu empfehlen. Als ideale Gemüse für den Winter gelten Kartoffeln, Tomaten, Erbsen, Pilze, Sojabohnen und andere Sojaprodukte, Stangenbohnen, flache frische Bohnen, rote Bete, weiße Rüben, Karotten, Arwi, Plantanen (grüne Kochbananen), Bittermelone (Karela), Zwiebeln, Spinat, grünes Gemüse und bestimmte Weichgemüsesorten.

Generell sollten alle Nahrungsmittel gemieden werden, die Kälte erzeugen.

Warme Milch, gekochte Buttermilchgerichte, Käse, Butter, Ghee, Malai (die Haut der abgekochten Milch), Rabri (eingedickte süße Milchspeise) und Kheer sind ideale Nahrungsmittel für den Winter ebenso Bananen. Papayas, Mangos, Granatäpfel und Äpfel sind gut zur Regulierung des Systems.

Honig mit schwarzem Pfeffer, am Morgen genommen, hilft dem System, die drei Humoren (Vayu, Pitta, Kapha) im Gleichgewicht zu halten.

Das Trinken von lauwarmem Wasser hilft sowohl dem Verdauungs- wie auch dem Ausscheidungssystem.

Alte Getreide sollten gemieden werden und frische, neue Getreide sollten vorzugsweise verwendet werden.

Tumerik, Knoblauch, Zwiebeln, Bockshornkleesamen, Oreganosamen, Kardamom, Nelken, Zimt, Lorbeerblätter, Muskat, schwarzer Pfeffer und Hing (Asafötida) sollten während der Wintermonate großzügig verwendet werden.

Im Winter wenig zu essen, ist schädlich. Es würde das Magenfeuer schwächen, das im Winter automatisch höher ist und Nahrung braucht, und die Körpergase stören.

Kalte und trockene Speisen sind zu meiden. Trockene Nahrungsmittel können in Verbindung mit Butter, Ghee, Sahne, Öl und Nüssen gegessen werden. Das Zufügen von Sesamsamen zu den verschiedensten Gerichten ist gut für den Körper.

Eis und eisgekühlte Getränke sind zu meiden, ebenso saure Nahrungsmittel und Zitrusfrüchte ohne Beigaben.

Das Schlucken einer ganzen Knoblauchzehe mit lauwarmem Wasser am Morgen eines jeden Wintertages bewahrt vor Störungen des Humors der Winde (Vayu), gibt dem Körper Hitze und hält den Blutzuckerspiegel im Gleichgewicht.

Tee mit Ingwer und sieben schwarzen Pfefferkörnern wirkt als sofortiger Hitzespender. Bei Erkältungen und Husten kann man dem Ingwer-Pfeffer-Tee einen Teelöffel Bockshornkleesamen zufügen. Ein reichhaltiges Frühstück und eine kräftige Abendmahlzeit lassen sich nur im Winter ausgiebig genießen.

GETREIDE

Reis – Javal

Reis ist kalt und trocken. Er entfernt und heilt übermäßige Körperhitze. Alle Reis-Sorten sind verdaulich und wirken nur manchmal verstopfend. Reis sollte vor Gebrauch mindestens ein bis zwei Jahre gelagert worden sein. Ein Sprichwort lautet: »Holz, Reis und Wein entfalten ihre Qualität erst mit dem Alter.« Bei chronischer Ruhr und Tuberkulose hilft alter Reis, der zusammen mit etwas Dal (= Hülsenfrüchte) als *Khitchri** gekocht wird. Bei Durchfall ist Reis mit Joghurt die ideale Nahrung. Dagegen ist Reis Gift für alle, die an Fieber oder einer Erkältungskrankheit leiden.

Polierter und maschinell gereinigter Reis erhält zwar ein glänzend weißes Aussehen, verliert aber seine wichtigsten und wertvollsten Bestandteile. Der Teil des Reises, der beim Reinigungsprozeß verloren geht, hat die Funktion, den menschlichen Organismus vor Hautkrankheiten zu bewahren und das Gehirn mit Energie zu versorgen. Am besten verwendet man handgereinigten, unpolierten Reis. Brauner Reis und ungeschälter Natur-Reis jedoch sind Reis-Sorten, die sehr schwer verdaulich sind.

Von allen Getreidearten ist Reis diejenige, die am wenigsten kraft- und energiespendende Substanzen enthält. Nahrhaft und gesund wird Reis allerdings, kocht man ihn mit Milch und reichert ihn mit Nüssen, Rosinen oder Safran an.

Wer an Gastritis oder Verstopfung leidet, sollte Reis – vor allem braunen Reis – meiden. Reis kann von Gastritis-Patienten nur vertragen werden, wenn man dem Reis während des Kochvorgangs etwa ½ Tasse Kokosnußraspeln und 2-4 Nelken zufügt.

* Anleitungen und Rezepte zum Herstellen dieser köstlichen Gerichte finden sich in »Das Ayurweda-Kochbuch«, ebenfalls von Harish Johari, Durach 1988.

Alle Reisarten haben einen süßen Geschmack, sie wirken kühlend und liefern dem Körper Mineralstoffe, Vitamine A und B sowie Spurenelemente, die jedoch verlorengehen, sobald der Reis poliert wird.

Reis-Pullao ist ein Reis-Gemüse-Gericht, das sämtliche Nachteile des Reises aufhebt. Dem Reis werden beim Kochen Erbsen, Nüsse und Samen zugefügt, dadurch werden die Proteine und Vitamine ergänzt, die dem sehr stärkehaltigen Reis fehlen; das biologische Gleichgewicht und eine bessere Verwertung sind somit gewährleistet.

Reis eignet sich ausgezeichnet für die Herstellung von Süßspeisen, wie *Khir* und *Varini*.

Da Reis ein kühles (lunares) Nahrungsmittel ist, sollte er in kalten Gegenden gemieden, bzw. sparsam verwendet werden.

Für übergewichtige Menschen eignet sich gekochter Reis ohne Salz, Zucker, Gewürze oder sonstige Zutaten als Abmagerungsdiät.

Werden etwa 200 Gramm einer beliebigen Dal-Sorte mit Schalen zusammen mit poliertem Reis verwendet, so erhält man die erforderliche Menge der internationalen Einheiten an Vitaminen A und B und kann dadurch den Vitaminmangel des polierten Reises ausgleichen.

Reis ist unter den Getreidearten das Nahrungsmittel, das auf der ganzen Welt am häufigsten gegessen wird.

Reis erzeugt Blähungen (Vayu) im Körper. Fügt man dem Reis während des Kochens Kardamom zu, so verringert dies seine Vayu erzeugende Eigenschaft.

Gastritispatienten – und Menschen, die an einem Übermaß an Vayu leiden – sollten beim Kochen von Reis-Gerichten Kardamom verwenden. Ein grüner Kardamom genügt für die Menge von 150 Gramm Reis.

Weizen

Weizen gilt zu Recht als »König« unter den Nahrungsmitteln. Kein anderes Nahrungsmittel – mit Ausnahme von frischem Joghurt und frischer Buttermilch – liefert allen sieben Körpergeweben (Knochen, Mark, Muskeln, Nerven, Haut, Samen und Blut) so reichhaltiges, konzentriertes Nährstoffmaterial. Von allen Körner- und Getreidearten kann der Weizen vom menschlichen System am leichtesten verdaut werden, da er die Fähigkeit besitzt, Wasser zu absorbieren, was rückwirkend dazu führt, daß Hitze gleichmäßig durch das ganze Korn geleitet wird.

Weizen ist – genau wie Reis – eines der wenigen Nahrungsmittel, das nicht frisch verwendet werden sollte. Frisch geerntete Weizenkörner enthalten mehr Sonnenenergie als das menschliche System verarbeiten kann. Weizen sollte mindestens vier Monate vor Gebrauch gelagert worden sein. Ist dies nicht möglich, sollte er zumindest über Nacht in Wasser eingeweicht und drei Tage lang am Sonnenlicht getrocknet werden. Weizen enthält Sonnenenergie in so konzentrierter Form, daß Kornspeicher, die große Mengen dieses nahrhaften Korns speichern, ständig sorgfältig durchlüftet werden müssen, damit nicht durch Eigenverbrennung des Korns Feuer entsteht oder sogar Explosionen bei frisch gemahlenem Mehl.

Die Fruchtbarkeit des Weizens geht durch Lagern und Einweichen nicht verloren, lediglich die übermäßige Sonnenenergie kann sich in die Atomsphäre anstatt in den Magen entladen.

Egal, auf welche Art der Weizen zubereitet wird, er sollte stets erst sorgfältig dextriniert (schonend angeröstet) werden. Weizen-Brot sollte entweder leicht getoastet – oder vorzugsweise in Form von einzelnen Fladen, wie »Chapatis, Rotis, Parathas und Puris«, zu jeder Mahlzeit frisch zubereitet werden. Diese Fladen können trocken gebacken werden, oder in einer leicht gefetteten Pfanne, oder aber auch im schwimmenden Fett herausgebacken werden. Alle Weizengerichte sollten, wie bereits erwähnt, erst in trockener Pfanne oder Topf auf mittlerer Hitze sorgfältig angeröstet werden, bevor Wasser oder Fett zugefügt wird. Weizengerichte eignen sich sehr gut als Frühstücksnahrung.

Weizen ist süß im Geschmack, von kalter Kraft und schwer im Nachverdauungsprozeß.

Weizen enthält einen hohen Wert an Vitaminen, Mineralstoffen, Proteinen, Kohlehydraten und eine Reihe anderer Vitalstoffe. Der Glutongehalt des Weizens liefert physische Ausdauer und sexuelle Kraft. Aus diesem Grunde sollten sexuell enthaltsam lebende Menschen weniger Weizenprodukte zu sich nehmen als Ehepaare – eine Ausnahme bilden Menschen, die körperliche Schwerarbeit verrichten. Volles Weizenmehl ist dem »denaturierten« weißen Weizenmehl unbedingt vorzuziehen und frisch gebakkene Fladen sind stets besser als abgepacktes Bäckerbrot.

Weizenmehl

Empfehlenswert ist es, grundsätzlich nur grob gemahlenes, wenn möglich, steingemahlenes oder handgemahlenes Weizenmehl zu verwenden, bei dem die Weizenspreu, die das Außenhäutchen des vollen Korns bildet, erhalten bleibt. Siebt man dann dieses Mehl vor der Teigbereitung durch ein mittelfeines Sieb, so bleiben die wertvollen Weizenkeime im Mehl und nur die gröberen Außenhäutchen werden im Sieb zurückbehalten und können bei Frühstücksgerichten mit verwendet werden.

Das derart gewonnene Weizenmehl ist leicht verdaulich und versorgt den Körper mit Vitaminen und Mineralstoffen; es enthält in ausreichender Menge die Vitamine A, B, E und G, die dem Körper Wärme und Energie liefern (näheres siehe unter »Weizen«).

Der Teig für Weizenbrote sollte etwa 2 Stunden lang ruhen und mehrmals gut durchgeknetet werden, bevor die Brote einzeln ausgerollt werden. Dadurch wird das Brot leicht verdaulich, ohne daß es Magen und Därme übermäßig belastet und ohne unmäßig viel Energie für Zerlegungs- und Assimilationsprozesse zu verbrauchen. Beim Ausrollen des Brotes ist darauf zu achten, daß trockenes Mehl nur sparsam verwendet werden sollte. Vermischt man trockenes Mehl mit feuchtem Teig, so werden die Brote hart und somit schwer verdaulich und verderben den Magen.

Geschmackvoll, leicht verdaulich und energiereich wird das Brot dagegen, fügt man dem Teig etwas Salz hinzu (etwa 5 g auf 1 kg Weizenmehl). Salz beeinflußt direkt das Kreislaufsystem, es aktiviert die energetische Kraft des Weizens und vermischt sich mit den Assimilationssäften, die direkt ins Blut fließen. Das Blut braucht Salz.

Weizen kann und muß sogar längere Zeit gelagert werden. Sobald der Weizen allerdings zu Mehl vermahlen wurde, sollte dieses Mehl nie länger als 14 Tage gelagert werden. Deshalb ist selbst das bereits fertig abgepackte Voll-Mehl aus den Diätgeschäften nicht besonders empfehlenswert, da es dort meistens länger als 14 Tage steht.

Das handelsübliche, feingemahlene weiße Mehl aus den Supermärkten enthält weder Keime noch Außenhäutchen. Es klebt an Magen- und Darmwänden, ist schwer verdaulich und wirkt verstopfend. Fast alle Brotsorten, Brötchen und Kuchenwaren, die in Hotels, Restaurants und Cafés angeboten werden, werden aus dem feinen Weißmehl hergestellt und verursachen Verstopfung.

Muß aus bestimmten Gründen einmal feines, weißes Bäckermehl verwendet werden, so sollte man zumindest einen Teelöffel Oreganosamen bei einem halben Pfund Auszugsmehl hinzufügen, um dieses Mehl verdaulicher zu machen und dem verstopfenden Effekt entgegenzuwirken.

GEMÜSE

Grüne Bananen – Kela (auch Plantane)

Kela, die grüne Banane, ist kalt und ölig. Sie wirkt leicht schleimproduzierend, gibt Kraft, hilft bei der Gewebebildung und vermehrt das Blut und Fett.

Menschen mit einem schwachen Verdauungssystem sollten Kela nur selten und in Maßen essen. Für gesunde Menschen ist sie jedoch ein gesundes Gemüse, das übermäßige Körperhitze und Blutkrankheiten heilt. Sie wirkt leicht verstopfend und aphrodisierend sowie adstringierend (zusammenziehend) und hilft, als Gemüse zubereitet, sowohl gegen Verstopfung wie auch bei Durchfallneigung.

Kela ist ein ideales Nahrungsmittel für Frauen, die an Weißfluß oder Blutungen leiden.

Gurken

In Nordindien wird die Gurke als heilige Frucht verehrt. Zur Feier des Geburtstages des Gottes Krishna (Krishna Janmashtami) bringt jeder Vaishnava (Verehrer des Gottes Vishnu – des erhaltenden Prinzips) eine Gurke – zum Zeichen der Verehrung – zum Altar. Die Gurke symbolisiert Vishnu, das erhaltende Prinzip. Sie ist ein sattvisches und leichtes Nahrungsmittel und enthält in kleinen Mengen sämtliche Nährstoffe, die zur Erhaltung der Gesundheit notwendig sind, wie Eiweiß, Fett, Kohlehydrate, Mineralstoffe wie Kalzium, Phosphor und Eisen; Thiamin, Riboflavin, Ascorbinsäure (Vitamin C), Nikotinsäure und Vitamin A.

Die Gurke wirkt kühlend, beruhigend und erfrischend. Sie hat eine magische Heilwirkung bei Unruhe, die durch übermäßige Hitze im System verursacht wurde. Gurkensaft hilft augenblicklich gegen Magenbrennen. Die Gurke ist ein ideales Nahrungsmittel in Fällen von Übersäuerung sowie bei Magen- und Zwölffingerdarmgeschwüren. In Form von Gurkensaft oder als Suppe gekocht, wird die Gurke selbst von Menschen vertragen, die keine Milch verdauen können. Patienten mit chronischen Magen- oder Darmerkrankungen – wie Geschwüren – können feste oder rohe Gemüse nicht verdauen, dagegen werden Saft und Suppen leicht verdaut und können so, zumindest in kleinen Mengen, ein Minimum an Nährstoffen liefern.

Wegen ihrer basischen Natur hält die Gurke den Säure-Basen-Haushalt des Organismus aufrecht.

Sie wirkt leicht abführend und heilt Verstopfung, sie ist entwässernd und vermehrt, wenn frisch und roh gegessen, den Harnfluß. Der rohen Gurke kann – nach Belieben – eine Prise Salz zugefügt werden, sie wird häufig für Salate verwendet und zusammen mit Joghurt bildet sie ein köstliches »Raita«. Oft wird die Gurke auch in Essig eingelegt und als »Pickle« gegessen.

Anfang und Endteil der Gurke enthalten Bitterstoffe. In Indien entfernt man das obere Ende der Gurke, indem ein etwa 1½ bis 2 cm großes Stück abgeschnitten wird; genauso kann ein ½ cm großes Stück am anderen Ende entfernt werden.

Gurken

Am besten ist es, Gurken roh und ohne Zutaten zu essen. Gurkenkerne besitzen einen überaus hohen Nährwert und werden von ayurvedischen »Vaidyas« und Hakims (Ärzte, die das griech. System der Medizin praktizieren) gern und häufig verordnet. Die Kerne enthalten Eiweiß und Fett und werden generell für Stärkungsmittel verwendet.

Die Gurkenschalen wirken wohltuend und angenehm erfrischend auf abgespannte Haut – sie straffen das Gewebe.

Karela – Bittermelone

Karela ist eine Bittermelone von – wie der deutsche Name sagt – bitterem Geschmack. Sie ist heiß und trocken, heilt Schleim und Gase (Kapha und Vayu) und vernichtet Würmer im Magen. Karela eignet sich vor allem für Schleim dominierte Menschen (Kapha dominierte Individuen). Sie wirkt entwässernd und gibt dem Magen ein leichtes Gefühl, ist appetitanregend und krampflösend. Karela sollte in Ghee oder Öl gekocht werden und von Menschen, die an einem Übermaß an Schleim (Kapha) leiden ohne die Verwendung von sauren Gewürzen, wie Tamarinde und Mangopulver, zubereitet werden. Gesunde Menschen können Karela als Gemüse auf verschiedene Weise zubereiten.

Karotten

Süße Karotten sind heiß und ölig. Bitter und scharf schmeckende Karotten sind trocken und verstärken die Galle (Pitta).

Süße Karotten wirken harntreibend und verdauungsfördernd, sie reinigen Magen und Därme. Karotten erzeugen viel Hitze, ihr Zuckergehalt versorgt das System mit genügend Kalorien. Sie enthalten reichlich Vitamin A und C und etwas Vitamin B. Karotten beseitigen Verstopfung und Krankheiten, die durch ein Übermaß an Galle, Luft oder Schleim (Pitta, Vayu oder Kapha), entstanden sind und helfen gegen starkes Herzklopfen.

Karotten sind blutbildend, stärken Gehirn und Magen und sind ein ideales Nahrungsmittel für Menschen, die enthaltsam leben. Wegen ihrer sattvischen Natur werden sie von Brahmanen, Asketen und Heiligen gegessen. Sie enthalten reichlich Karotin, das eine der Vitamin A-Quellen ist und die Schleimabsonderung bestimmter Gewebe von Nase, Mund sowie von Atem- und Verdauungstrakt unterstützt. Auch spielt das Karotin bei der Eiweißsynthese eine Rolle und wirkt auf die Sehqualität; daher der Ausspruch: »Hast Du schon mal ein Kaninchen mit Brille gesehen?« – »Nein!« »Hasen brauchen keine Brille – sie essen Karotten!«

Karotten heilen auch Hautkrankheiten. Eine Fastenkur, die ausschließlich aus Milch und Karotten besteht, heilt innerhalb von vierzehn Tagen selbst chronische und nahezu unheilbare Hautkrankheiten. Besonders Frauen und Kinder sollten viel Karotten essen. Es hält sie gesund, macht die Haut samtweich und gibt ihr einen milden Glanz. Karotten sind eine reiche Kalziumquelle. Sie sind antiseptisch und halten die Därme frei von Bakterien. Sie wirken sowohl als Nahrungsmittel, wie auch als Medizin, beispielsweise bei chronischer Diarrhöe und Kolitis.

Karotten

Karotten werden in Indien auf viele verschiedene Arten zubereitet: in Form von köstlichen Desserts und Süßspeisen, als Gemüse, als Saft, als Suppe, süß-sauer in Essig eingelegt – als »Pickle«, im Joghurt-»Raita« und selbstverständlich werden sie auch roh – als Frucht verzehrt. Karotten-Gemüse läßt sich sowohl herzhaft – mit Bockshornkleesamen oder aber mit einem Tumerik-Koriander-Masala zubereiten. Sie lassen sich hervorragend mit Gemüsen wie Kraut, Rosenkohl, Blumenkohl oder Kartoffeln ergänzen. Mit den genannten Gemüsen und Karotten läßt sich ein schmackhafter Reis-»Pulao« herstellen. Karotten mit frischen, grünen Erbsen bilden eine vollwertige Mahlzeit. Besonders köstlich aber schmekken sie in süßer Milch – als »Khir« – gekocht.

Karotten reinigen das Blut von Harnsäure und helfen bei Gicht und Gallensteinbeschwerden.

Für Leberkranke sind Karotten ein ideales – da fettfreies – Nahrungsmittel.

Karotten regulieren den Menstruationsfluß.

Zuckerkranke Menschen und Menschen, die an übermäßig häufiger Harnausscheidung leiden, sollten Karotten jedoch meiden.

Kartoffeln – Alu

Kartoffeln sind kalt und trocken und festigen den Stuhl. Sie enthalten hauptsächlich Stärke, nahezu alle Vitamine, Mineralsalze wie Potassium, Kalium, Kalzium und Phosphor, neben vollständigem Eiweiß, das alle Aminosäuren enthält. Sie sind basenüberschüssig.

Kartoffeln müssen vor dem Kochen sorgfältig mit kaltem Wasser gewaschen werden. Dünne Kartoffelschalen brauchen nicht abgeschält zu werden. Meistens ist ihre Schale jedoch durch langes Lagern dick und somit schwer verdaulich. Auf jeden Fall ist es besser, die Kartoffeln erst zu kochen und danach zu schälen. Dicht unter ihrer Schale befindet sich das wertvolle Potassium, das sich während des Kochens ins Kartoffelinnere mischt und die Kartoffel leichter verdaulich macht.

Die Kartoffelstärke liefert Energie. Kartoffeln sind ein ideales

Nahrungsmittel und haben den Vorteil, daß sie lange Zeit gelagert werden können und somit zu jeder Jahreszeit verfügbar sind. Sie sind nahezu auf der ganzen Welt bekannt und werden auf viele verschiedene Arten zubereitet. Besonders köstlich und aromatisch schmecken die »Erdäpfel« mit Bockshornkleeblättern oder deren Samen zubereitet. Kartoffeln, die im Rohr gebacken werden, sind leichter verdaulich und gesund. Werden sie in Ghee (gereinigter Butter) oder in Öl gebraten, wirken sie schwer verdaulich und verstopfend.

Wer sich an Kartoffeln überißt, kann an Erstickungsanfällen leiden. Auch kann ein Übermaß an Kartoffeln Trockenheit und Diabetes hervorrufen. Kartoffeln werden von überwiegend körperlich tätigen Menschen leicht vertragen, dagegen können sie bei körperlich wenig aktiven Menschen – in großen Mengen gegessen – Probleme wie Diabetes verursachen.

Obwohl die Kartoffel durch ihren reichen Stärke-, Mineralstoff- und Vitamingehalt ein sehr wertvolles Lebensmittel ist, müssen wir unsere Kost auch mit Getreide, Gemüse, Milchprodukten, Öl und Bohnen ergänzen.

Süße Kartoffeln

Süße Kartoffeln sind weitaus nahrhafter als Kartoffeln. Sie enthalten weniger Wasser als Kartoffeln und mehr festes Nahrungsmaterial. Süße Kartoffeln besitzen einen ziemlich hohen Vitamin A-Gehalt und Vitamin C, das selbst bei längerer Lagerung der süßen Kartoffel nicht verlorengeht, Kohlehydrate, Eiweiß, Phosphor, Eisen und Kalzium sowie Spuren von Pantothensäure, eine Säure, die eine Form des Vitamin B repräsentiert.

Trotz all ihren guten Eigenschaften ist die süße Kartoffel schwer verdaulich und sollte deshalb von Menschen mit schwachem Verdauungssystem, wie auch von geschwächten und kranken Personen und von Denkern, gemieden werden.

In manchen Teilen Indiens werden süße Kartoffeln während religiöser Fastenzeiten gegessen und dafür meistens in heißem Sand gebacken oder geröstet. Sie können auch bei niedriger Temperatur in Wasser weichgekocht werden. Gebackene süße Kartoffeln sind jedoch die besten in Wirkung und Geschmack, sie bewahren mehr Süße und Aroma.

In Indien werden aus der süßen Kartoffel vor allem zahlreiche köstliche Süßspeisen hergestellt. Das einfachste Rezept für ein Dessert ist: die süße Kartoffel im Wasser zu kochen bzw. in der Röhre zu backen, anschließend abzupellen und mit warmer Milch zu vermengen. Feinzermörserte Nüsse, Rosinen und Kokosnußraspel sowie Rosenwasser können zur Geschmacksverfeinerung zugefügt werden. Wem's noch nicht süß genug ist, kann nach Belieben Honig oder Rohzucker zufügen. Diese Süßspeise ist schmackhaft, nahrhaft und leicht verdaulich.

Süße Kartoffeln können längere Zeit im Keller gelagert werden, ohne ihren Nährwertgehalt einzubüßen; die Lagerung erzeugt mehr Süße.

Rote Bete

Obwohl die roten Bete zu den Wurzelgemüsen zählen, sind sie ihrer Natur nach nicht tamasisch. Wegen ihres Zuckergehalts werden sie der Gruppe der sattvischen Lebensmittel zugeordnet. Ihr Basenwert und Eisengehalt macht sie zu einem gesunden, blutbildenden Gemüse. Da sie viel Hitze erzeugen, sind sie ein ideales Nahrungsmittel für kalte Länder.

Es gibt zwei rote Rüben-Arten: 1. Zuckerrüben und 2. Tafelrüben.

Zuckerrüben eignen sich nicht besonders gut zum Verzehr als Gemüse und werden deshalb zur Zuckerherstellung verwendet.

Tafelrüben werden gedämpft als Gemüse gegessen, in Salaten und in Suppen verwendet oder auch manchen Süßspeisen zugefügt, um die Speisen zu färben und auch als Saft getrunken.

Rote Bete enthalten Eiweiß, Kohlenhydrate, Kalzium, Phosphor, Eisen, Thiamin, Nikotinsäure, Riboflavin und Vitamin C; Zucker ist jedoch ihr Hauptbestandteil.

Vor allem die Blätter der roten Wurzel sind besonders vitaminreich und eine hervorragende natürliche Kalzium- und Eisenquelle.

Die frischen Blätter können als grünes Gemüse schmackhaft zubereitet werden. Rote Bete werden auch in Essig eingelegt und als appetitanregende »Pickles« verwendet.

Der Zucker der roten Bete Wurzel ist sowohl roh wie auch gekocht leicht assimilierbar. Bei Kalzium- oder Eisenmangel sollten die Wurzeln wie auch die Blätter der Rübe möglichst oft in der einen oder anderen Form gegessen werden. Konservierte, eingelegte oder eingeweckte Rote Bete Wurzeln und -Blätter sind nicht so leicht assimilierbar wie das frische Gemüse; und die gekochten Bete sind weniger wertvoll als die rohen.

Rote Bete

Spinat – Pallak

Spinat ist ein gesundes Gemüse für jedermann, mit Ausnahme für jene Menschen, die an Kolitis leiden. Richtig zubereitet wird Spinat zu einem geschmackvollen Gemüse, das von allen gern gegessen wird. Spinat hat einen überaus reichen Mineral- und Vitamingehalt; er enthält Eiweiß, Kohlehydrate, Kalzium, Phosphor, Vitamin A und C sowie Riboflavin. Von allen grünen Gemüsen hat Spinat den höchsten Vitamin A-Anteil; auch das in ihm enthaltene Karotin ist besser absorbierbar als das anderer grüner Gemüse. Spinat ist auch bekannt für seinen Eisen- und Kupfergehalt. Außerdem enthält er eine Substanz, die bereits im Blut enthaltenes Eisen stimuliert und die Hämoglobinbildung im System aktiviert. Aus diesem Grunde ist der Spinat ein ideales Nahrungsmittel für anämische Menschen.

Spinat wirkt mild abführend und sollte deshalb von Menschen mit bereits dünnem Stuhl gemieden werden. Auch heilen Spinatsaft, Spinatsuppe oder die gekochten Blätter sofort Verstopfung. Spinat regt die Verdauungs- und Absorptionsfähigkeit an. Spinat allein ist leicht verdaulich und erzeugt kaum Blähungen. Im Nachverdauungsprozeß entwickelt er eine basische Qualität.

Spinat sollte jedoch nie roh gegessen werden, da er Oxalsäure enthält. Oxalablagerungen fördern die Bildung von Steinen in verschiedenen Teilen des Körpers, deshalb ist roher Spinat schädlich für Menschen, die an Grieß- und Steinablagerungen in Organen sowie an Gicht oder Leberkrankheiten leiden.

Wegen seines Oxalsäuregehalts wird dem Spinat eine schädigende Wirkung auf das im Körper enthaltene Kalzium nachgesagt, da sich die Oxalsäure des Spinats mit dem in den Eingeweiden vorhandenem Kalzium des Blutes verbindet und gemeinsam mit diesem Körperkalzium den Organismus verläßt. Deshalb ist Spinat als Nahrungsmittel für Kinder nicht besonders geeignet. Durch das Kochen wird jedoch der Oxalsäuregehalt des Spinats von seiner Zellulose getrennt. In Verbindung mit Gewürzen werden zudem die schädlichen Nachteile des Spinats völlig aufgehoben und er wird zur wertvollen Quelle von Mineralstoffen und Vitaminen A und C.

Die Verwendung von frischem, grünen Spinat ist stets vorzuziehen. Der Gebrauch von tiefgefrorenem Spinat ist nur empfehlenswert für alle, die seinen Eisengehalt und abführenden Effekt auch außerhalb der Saison nutzen wollen.

Tomaten

Innerhalb eines Jahrhunderts hat sich die Tomate einen bedeutenden Platz an unserem Tisch erobert. Sie zählt heute zu einem der meistverbreitetsten Gemüse. Tomaten besitzen einen hohen Vitamingehalt und zahlreiche – für den menschlichen Organismus nützliche – Säuren. Sie sind eine gute Vitamin A-, B- und C-Quelle. Ihr Vitamin A-Gehalt wird selbst beim Trocknen der Frucht nicht zerstört. Tomaten enthalten vergleichsweise mehr Vitamin A als Kuhbutter. Der Vitamin C-Gehalt der Tomate geht weder durch Kochen noch durch Konservieren verloren, sondern wird von ihrem hohen Säurewert bewahrt.

Die Tomate zählt zur Gattung der Zitrusfrüchte, das Vorhandensein von Zitrussäure und Malicsäure gibt ihr einen sauren Geschmack. Die Säuren der Tomate vermehren den Basengehalt des Blutes, was überaus wertvoll für die Blutchemie ist.

Tomaten

Kohlehydrate kommen in der Tomate in Form von Invertzucker vor und sind somit leicht assimilierbar. Der Gehalt an Vitaminen der B-Gruppe macht sie zu einem Tonikum und zu einem Gemüse, das lebensverlängernde Eigenschaften besitzt.

Wegen ihres Stärkegehalts ist sie besonders empfehlenswert für übergewichtige Menschen. Wer abnehmen möchte, sollte mehr Tomaten essen. Sie sind ein gutes Nahrungsmittel für Diabetiker und heilen roh gegessen chronische Verstopfung. Tomaten sind mild abführend.

Allgemein ist zu empfehlen, die reifen Tomaten zu verwenden. Der Gebrauch von grünen Tomaten ist zwar nicht schädlich, doch wird vermutet, daß diese Oxalsäure enthalten, die jedoch keinesfalls in reifen Tomaten zu finden ist. Grüne Tomaten enthalten auch kein Riboflavin. Tomaten, die auf freiem Felde wachsen, besitzen mehr Vitamin A als jene, die an schattigen Plätzen gedeihen.

Gut aussehende, weiche, dünnschalige, reife Tomaten sollten roh gegessen werden. Die Verwendung von Tomaten in Curries, Salaten, Suppen und Dals ist sehr beliebt. In Nordindien werden Tomaten als Geschmacksmittel in der Grundgewürzmischung verwendet und um gleichzeitig Curries und andere Gerichte mit Vitaminen anzureichern.

Taro-Wurzel – Arwi

Oberflächlich betrachtet sieht die Taro-Wurzel oder Arwi aus wie eine haarige Kartoffel. Die Arwi ist weder heiß noch kalt; sie ist ölig und gibt viel Kraft. Sie vermehrt den Schleim (Kapha), ist hart und schwer verdaulich. Von Menschen mit heißer und trockener Natur wird sie problemlos vertragen und wirkt appetitanregend.

In Fällen von trockenem Husten ohne ordentlichen Schleimauswurf hilft Taro-Wurzel-Gemüse, den Schleim zu verflüssigen und auszuwerfen. Ihr leicht verstopfender Effekt kann behoben werden, kocht man sie mit schwarzen Cuminsamen (schwarzem Kreuzkümmel), roten Kardamomsamen oder auch nur mit frischer Ingwerwurzel. Kocht man sie mit Knoblauch und/oder Bockshornkleesamen, so verliert die Taro-Wurzel ihre Mängel und wird leichter verdaulich.

Arwi oder Ghuiya, wie die Taro-Wurzel auch genannt wird, ist ein überaus nahrhaftes Gemüse und auch auf europäischen und deutschen Gemüsemärkten zu finden.

Kartoffel, Arwi, Okra

Weiße Rüben – Shalgam

Weiße Rüben sind heiß und ölig. Sie wirken blutreinigend und regen die Blutproduktion an. In sehr wenig Ghee gekocht, werden sie selbst von Menschen mit chronischer Ruhr oder Magenbeschwerden vertragen. Auch Fieberkranke können eine Suppe aus weißen Rüben zu sich nehmen. Das köstliche, gesunde Gemüse kann keinem schaden und sollte möglichst oft gegessen werden.

Weiße Rüben besitzen eine sattvische Natur – sie schmecken süß und sind leicht verdaulich. Man kann sie zu einer köstlichen Chapati- oder Paratha-Füllung verarbeiten und als Gemüse oder Suppe zubereiten.

Weiße Rüben

Gelbe gespaltene Erbsen

Gelbe gespaltene Erbsen sind heiß und trocken und heilen Krankheiten im Brustbereich, Husten- und Schleimbeschwerden. Im Übermaß gegessen wirken sie leicht verstopfend. Sie liefern sehr viel Energie und Kraft und unterstützen den Aufbau von Muskeln und Gewebe. Ihr leicht verstopfender Effekt kann behoben werden, fügt man den Erbsen während des Kochens Zucchinis oder ein gleichartiges kühlendes Weichgemüse hinzu. Dadurch werden die Erbsen verdaulicher. Ebenso können Korianderpulver und Granatapfelsamen oder Mangopulver beim Kochen zugefügt werden. Ein sogenanntes »Dressing«, das beim Servieren einzeln über jede Portion gegeben wird und aus etwa einem Eßlöffel zerlassener Butter pro Person besteht, nimmt den Erbsen die Trockenheit. Lediglich die trockene Qualität ist für den leicht verstopfenden Effekt der Erbsen verantwortlich.

FRÜCHTE

Aprikosen

Aprikosen sind seit altersher eines der beliebtesten Nahrungsmittel der Bewohner der nord-westlichen Himalayas. Vor allem im Herbst und Winter werden Aprikosen als Grundnahrungsmittel bevorzugt, da sie hohe Nährwerte besitzen, wie zum Beispiel wertvolles Eiweiß, Kohlehydrate, Sodium, Kalzium, Magnesium, Phosphor, Sulfur, Kupfer, Eisen und Chlorin. Auch sind sie eine hervorragende Vitamin A-Quelle. Vor allem getrocknete Aprikosen enthalten dreimal mehr Vitamin A als die frischen Früchte.

Die Aprikose ähnelt ihrer Form nach dem Pfirsich und birgt in ihrem Fruchtfleisch eine Nuß. Aus den Aprikosen-Nußkernen wird Öl gewonnen, das dem Mandelöl qualitativ gleichwertig ist.

Aprikosen helfen, in größeren Mengen gegessen (etwa sechs bis zwölf Früchte), bei chronischer Verstopfung den Darminhalt auszuscheiden. Wegen ihres hohen Eisen- und Kalziumgehalts helfen sie gegen Anämie und steigern die Hämoglobinproduktion.

Getrocknete Aprikosen sollten vor Verzehr gründlich gewaschen und über Nacht in Wasser eingeweicht werden. Das Einweichwasser enthält alle Nährwerte der Aprikose und sollte stets verwendet werden. Aprikosen können auch in Milch eingeweicht und gekocht werden. Diese Milch ist ein überaus kräftigendes Getränk und macht die Aprikosen leicht verdaulich.

Eingeweichte Aprikosen können für Salate, Obstsalate und für Chutneys verwendet werden. Für Saunth (eine süß-saure Sauce) können Anprikosen anstelle von Tamarinde genommen werden. Zur Herstellung von Saunth eignet sich das gepreßte Fruchtmark der Aprikose besonders gut.

Ananas

Die Ananas ist kühl, saftig und energiespendend. Sie heilt Unruhe und Herzbeschwerden und verleiht Herz und Kopf ein angenehm kühles Gefühl. Die Ananas ist süß-sauer im Geschmack; ihr Fruchtfleisch ist durststillend und vermehrt den Schleim (Kapha).

Ißt man die Ananas in mäßigen Mengen zu den Mahlzeiten, sorgt sie für gute und geregelte Verdauung.

Ananas

Süße und reife Bananen

Bananen gelten in Indien als heilige Frucht und werden häufig für Prasad (Speisen für den Gottesdienst) verwendet. Als Nahrungsmittel ist die Banane ein ausgezeichnetes Tonikum, das dem System ausreichendes Nährstoffmaterial liefert. Reife Bananen sind auf der ganzen Welt bekannt. Sie unterscheiden sich in Form und Größe – je nachdem wo sie wachsen. Die Bananen-Sorten mit goldgelber Schale und braunen Flecken haben jedoch den besten Geschmack.

Ayurwedische Schriften beschreiben die Banane als eine schmackhafte, appetitanregende, durststillende, fasern- und fleischbildende Frucht. Zwar schreibt man ihr eine leicht verstopfende Wirkung zu, doch richtig und regelmäßig gegessen befreit sie von Verstopfung. Bananen helfen gegen Ruhr, Diahrröe, chronische Verdauungsbeschwerden und in Fällen von zu schwachem Verdauungsfeuer. Auch heilen sie Krankheiten, die durch eine Disbalance von Vayu, Pitta und Kapha verursacht wurden. Bananen vermehren den Samen und geben dem Organismus Vitalität und Zeugungskraft. Sie helfen gegen alle Arten von Entkräftungszuständen und unterstützen die Heilung von Diabetes und Samenfluß.

Die Banane ist das ideale Nahrungsmittel für knochige, magersüchtige und dünne Menschen. Diesen Menschen wird empfohlen, mehrere Monate lang regelmäßig zwei Bananen nach den Mahlzeiten zu essen, damit sie an Gewicht zunehmen ohne Fett anzusetzen, jedoch um ausgewogener und schöner zu werden.

Krankheiten, wie zu häufiges Wasserlassen und Diabetes können mit Hilfe von Bananen verringert werden. Als süße Frucht vermehrt die Banane den Samen, stärkt somit das System und verleiht Widerstandskraft, Vitalität und Zeugungskraft. Sehr nützlich ist die Frucht für Menschen, die sich sexuell zu stark verausgabt haben. Sie sättigt und gibt neue Kraft.

Bei trockenem Husten, wie auch bei allen anderen Hustenkrankheiten wirkt ein Bananen-Getränk Wunder.

In zu kleinen Mengen genossen wirkt die Banane – wie bereits erwähnt – verstopfend. Ißt man jedoch eine große oder zwei bis drei kleine Bananen hintereinander, so werden diese schnell und leicht verdaut und haben einen abführenden Effekt. Bananen festigen den Stuhl und können bereits von Kindern ab dem zweiten Lebensmonat sowie von Menschen jeden Alters problemlos gegessen werden.

»Esse sie, solange du Zähne hast, trinke sie, wenn du keine hast«, empfiehlt ein Sprichwort.

Regelmäßiges Essen von Äpfeln, Orangen und Bananen dient der Gesunderhaltung des Systems. Empfehlenswert ist es, Bananen – als Verdauungshilfe – nach den Mahlzeiten zu essen. Sie enthalten eine ausreichende Menge an Kalorien, Vitaminen A und C und genügend Kohlehydrate, etwas Eiweiß und sehr wenig Fett, dafür 75,3 % Wasser und eine Vielzahl von Mineralstoffen, wie Kalzium, Phosphor, Eisen, Thiamin, Riboflavin und Niacin, Magnesium, Sulfur, Kupfer und Potassium; ihr Zucker ist leicht verdaulich.

Aus pulverisierten und getrockneten Bananenflocken kann Bananenmehl hergestellt werden, aus dem sich köstliche Kuchen backen lassen. Bananenmehl hat einen höheren Nährwert als Getreidemehl. Ein Getränk aus reifen Bananen, Milch und Nüssen ergibt ein nahrhaftes Frühstück. Auch das allseits bekannte »Müsli« läßt sich gut und gerne mit Bananen anreichern.

Bananen sind keimfrei und besitzen einen hohen Basenwert. Sie halten die Basenreserve des Körpers aufrecht und sind ein ideales Nahrungsmittel in Fällen von Magengeschwüren und Gastritis. Bei zu schwachem Verdauungsfeuer werden Bananen mit Tamarinde und Salz empfohlen. Das gleiche wird als Kur bei Ruhr empfohlen. In Fällen von Ruhr bei Kindern hilft der sorgfältig zerdrückte Brei reifer Bananen. Bananen unterstützen die Knochenbildung und helfen, wegen ihres Eisengehalts, bei Gelbsucht, wie auch bei akuter Gicht und Artritis. Es heißt, daß selbst Herzbeschwerden verschwinden, sobald man eine Banane ißt.

Bananen vermischt mit Honig und einer Prise Safran gelten als sattvisch und lebensspendend.

Bei Muskelschmerzen, die durch Zerrungen oder andersartige Verletzungen verursacht wurden, helfen Bananenschalen, als Auflage verwendet, Schwellungen zu verhindern und Schmerzen zu beseitigen.

Ein Tip für alle, die zu viele Bananen konsumiert haben und an Verdauungsbeschwerden leiden: bereits ein roter Kardamom hilft, um die Bananen innerhalb weniger Minuten zu verdauen.
Also – keine Angst – essen sie Bananen – und haben Sie stets ein paar rote Kardamomsamen in ihrer Tasche!

Bananen

Datteln

Auch die Dattel gilt, wie die Kokosnuß, als »heilige Frucht«. Dattel- und Kokosnuß-Palmen gehören der gleichen Pflanzengattung an.

Datteln sind heiß und trocken, magenstärkend und heilen Krankheiten, die von Luft und Schleim (Vayu und Kapha) verursacht wurden. Sie wirken leicht verstopfend, verursachen Gewichtszunahme und helfen gegen Hustenkrankheiten.

Trinkt man nach dem Verzehr von Datteln sofort ein Glas Buttermilch, so werden diese unmittelbar verdaut. In Indien wachsen hauptsächlich zwei bekannte Dattelarten. Die eine Sorte ist groß, süß und geschmackvoll, die andere ist klein, nicht ganz so süß und schmackhaft. In bestimmten Gebieten Indiens werden anstelle von Zucker Datteln zum Süßen verwendet (auch in Form von Jaggery und Gur).

Datteln haben einen ausgesprochen hohen Nährwert. Sie enthalten neben einem hohen Vitamin D-Gehalt eine ausreichende Menge an Vitamin A, B und C, Eiweiß, Kohlehydrate und Mineralstoffe, wie Phosphor, Thiamin, Niacin, Pektin, Riboflavin, Eisen, Kalzium und Kalium. Diese ideale Verbindung an Nährsubstanzen macht sie zu einem wirkungsvollen Verjüngungsmittel und gibt dem Organismus die Möglichkeit, Abwehrkräfte gegen Virus- und Infektionskrankheiten heranzubilden. Ihr süßer Geschmack ist befriedigend. Sie vermehren den Samen und verleihen Stärke und Widerstandskraft, wie auch Vitalität und Zeugungskraft. Wer sich sexuell verausgabt hat, unter Depressionen, Müdigkeit und Abgespanntheit leidet, sollte täglich eine ausreichende Menge an Datteln essen. Ihr leichtverdaulicher Zucker liefert genügend Kalorienwerte. Sie können nach den Mahlzeiten gegessen sowie in Süßspeisen, Obstsalaten, Gemüsegerichten, Pickles und süß-sauren Chutney's verwendet werden.

Zur Stärkung der physischen und geistigen Kräfte sollten einmal täglich fünfzehn bis zwanzig Datteln in mindestens einem halben Liter Frischmilch getrunken werden. Danach sollten körperliche Übungen (Gymnastik, Hatha-Yoga) ausgeführt werden. Innerhalb von 40 Tagen wird man sich körperlich und geistig regeneriert fühlen.

Bei starkem Blutverlust hat Dattelmilch, mit etwas Ghee oder Sahne vermischt, eine Sofortwirkung. Sie stärkt das Blut. Anämische Menschen und allgemein schwächliche Menschen sollten Datteln täglich regelmäßig zum Frühstück essen. Bei geschwächter Körperabwehr hilft Dattelmilch als ausgezeichnetes Tonikum.

Schwierigkeiten bei der morgendlichen Darmentleerung lassen sich beheben, trinkt man vor dem Schlafengehen eine Tasse Milch, in der vier bis fünf Datteln beim langsamen Erhitzen aufgelöst wurden.

Der medizinische Wert der Dattel liegt vor allem in ihrer reinigenden Wirkung. Datteln fördern den Schleimauswurf und helfen bei Krankheiten des Brustbereichs sowie bei Husten. Datteln stärken Herz, Leber, Verdauungsdrüsen und Nieren. Sie helfen beim Aufbau der Nerven im Gehirnbereich, wirken appetitanregend und gewebebildend. Durch die regelmäßige Verwendung von Datteln bildet sich eine Gruppe darmfreundlicher Bakterien. Ihre basische Natur sorgt für das Gleichgewicht im Basenhaushalt unseres Körpers. Sie zählen zur Gesundheitskost und sind ein geeignetes Nahrungsmittel für alte, schwache, genesende Menschen und für Kinder.

Reiche Araber essen die Dattel mit einer Butterfüllung. Ihr Gehalt an Kohlehydraten hilft bei der Fettverdauung.

Feigen

Feigen zählen in Indien – wie Datteln, Kokosnüsse und Bananen – zur Gattung der »heiligen Früchte«. Sie können sowohl frisch, wie auch getrocknet verwendet werden. Feigen reifen an Bäumen und werden eingesammelt, sobald sie von den Ästen fallen, auch werden reife Früchte von den Zweigen geschüttelt und für den Verkauf getrocknet.

Die reifen Früchte sind wohlschmeckend, süß und von kalter Natur. Sie unterstützen den Verdauungsvorgang und haben eine blutreinigende Wirkung. Sie besänftigen die Humoren Wind (Vayu) und Galle (Pitta).

Feigen enthalten Eiweiß und eine Vielzahl an Mineralstoffen, wie Sodium, Potassium, Kalzium, Eisen, Kupfer, Magnesium, Phosphor, Sulfur und Chlorin. Feigen werden bei allen Arten von Brustbeschwerden verordnet sowie bei chronischem Husten und bei Verstopfung. Feigensyrup gilt als ausgezeichnetes Stärkungsmittel für Kinder; er wirkt appetitanregend und sorgt für gute Verdauung.

Feigen helfen gegen Muskelrheumatismus, Samenbeschwerden, Hautkrankheiten, Nieren- und Blasensteine, Vergrößerung der Leber und gegen Blutarmut.

Besonders Frauen sollten täglich zwei bis drei Feigen regelmäßig morgens essen. Wegen ihres Eisengehalts stärken sie das Blut und sollten von Frauen mit Einsetzen ihrer monatlichen Menstruationsblutung bis zum Zeitpunkt der Menopause als Medizin genommen werden, um die Elemente im Körper im Gleichgewicht zu halten.

Feigen sind ein hervorragendes Genesungsmittel nach längerer Krankheit. In größeren Mengen gegessen vermehren sie das Gewicht. Body-Builder und Ringer bevorzugen Feigen mit Nüssen.

Feigen werden auch bei Verstopfung als Abführmittel verordnet; auch helfen sie bei Hämorrhoiden.

Getrocknete Feigen haben eine dicke Schale und sollten deshalb gründlich gewaschen und über Nacht eingeweicht werden.

Das Einweichwasser ist besonders reich an Mineralstoffen und Zucker und sollte deshalb stets verwendet weren. Frische wie auch getrocknete und eingeweichte Feigen können geschält werden. Samen und Fruchtfleisch der Feigen sollten sorgfältig gekaut werden.

Granatäpfel

Der Granatapfel ist leicht und zusammenziehend. Er vermindert Wind, Galle und Schleim (Vayu, Pitta und Kapha), und ist eine sehr wohlschmeckende, erfrischende Frucht. Es gibt zwei Arten von Granatäpfeln: eine süße Granatapfelart mit kleinen Samenkernen und eine süß-saure Art mit großen Kernen. Beide Sorten sind gesund. Doch wird empfehlen, stets nur die süße Granatapfelart zum Verzehr als Frucht zu verwenden. Die süß-saure Sorte kann an der Sonne getrocknet und später als Gewürz verwendet werden für alle Speisen und Gemüse, die einen säuerlichen Geschmack erhalten sollen. Der süße Granatapfel ist kühlend und hat eine kalte und feuchte Wirkung. Die süß-saure Art ist kalt und trocken.

Süße Granatäpfel heilen Ruhr, Diarrhöe, Erbrechen, schlechte Verdauung und Sodbrennen. Sie reinigen Mund, Kehle, Magen und Herz, vermehren den Samen, reinigen das Blut, beseitigen Unruhe und stillen Durst. Ein Granatapfel am Tag ist mehr als ausreichend. Die süßen Samen sollen im Ganzen geschluckt werden und dürfen keinesfalls zerkaut werden. In Fällen von zu starker Körperhitze helfen beide Granatapfelsorten, die Temperatur zu senken. Im Übermaß gegessen erzeugen sie Verstopfung.

Granatapfel

Grapefruit

Die Grapefruit, eine stark appetitanregende und erfrischende Frucht, zählt zur Familie der Zitrusfrüchte. Sie ist der Abkömmling eines großen, süßen Zitronenbaumes, der überall in Indien wächst.

Doch wird die Grapefruit erst in letzter Zeit in Indien als solche genutzt und lediglich in Panjab und Uttar Pradesh angebaut.

Grapefruits sind ein guter Orangen-Ersatz und besitzen nahezu den gleichen Nährwert wie diese. Sie enthalten Mineralstoffe wie Kalzium, Phosphor und Eisen, Eiweiß und einen geringen Fettanteil und gelten als wichtige Vitamin C und E Quelle. Grapefruits gleichen die Säurereaktionen verschiedener Nahrungsmittel aus und befreien von Verstopfung, sofern sie frisch mit ihrem Fruchtmark gegessen werden. Grapefruits garantieren gesunde Eingeweide und schützen vor Diarrhöe, Ruhr und anderen Infektionskrankheiten des Verdauungstrakts. Grapefruits haben sich auch bei verschiedenen Lebererkrankungen als hilfreich erwiesen.

Als Appetitanreger sollte die Grapefruit vor und nicht nach den Mahlzeiten verzehrt werden. Bei der Herstellung von Grapefruitsaft sollte auch das Fruchtmark mit verwendet werden. Die kernlose Grapefruitart ist gesünder und sollte bevorzugt verwendet werden.

Eine dreitägige Fastenkur mit lediglich Grapefruitsaft und Fruchtmark ist eine hervorragende Methode, um Magen und Därme zu reinigen, da die Grapefruit in ihrem Nachverdauungsprozeß alkalische Rückstände produziert, obwohl sie eine saure Frucht ist.

Aus Grapefruits lassen sich schmackhafte Chutneys herstellen, zusammen mit Pfefferminzblättern, fein zermörsert, mit grünem oder rotem Pfeffer, einer Prise Salz und Kokosraspeln vermischt. Die Kokosraspeln können beliebig zugefügt werden, um nach Wunsch Nährwert und Menge des Chutneys zu vergrößern.

Auch lassen sie sich im Salat, zusammen mit Zwiebeln, Tomaten und grünen Blättern verwenden.

Grapefruitsaft ist ein erfrischendes Sommergetränk und kann pur oder vermischt mit Rohzucker oder Honig genossen werden.

Mango

Die Mango-Frucht ist heiß und ölig, energiespendend und befriedigend. Die faserlose Mangoart ist wohlschmeckender, doch schwerer verdaulich als die faserige Mangosorte. Leicht verdaulich sind die süßen, saftigen Mangos, die dem Magen Energie geben.

Saure Mangos sind nicht zum Verzehr geeignet und werden nur als Gewürz »Amchur« (= Mangopulver) oder in Form von getrockneten Mangoflocken verwendet.

Die reife, saftig-süße Mango wirkt blutbildend und ist deshalb besonders empfehlenswert für Frauen während ihrer Regel. Trinkt man nach dem Verzehr einer Mango ein Glas lauwarme Milch, so wird das gesamte System sofort energetisiert, vor allem aber die Eingeweide. An heißen Sommertagen ist – anstelle der lauwarmen Milch – ein kühlendes Getränk aus Milch und Wasser äußerst wohltuend; es reduziert die Hitze und gibt dem System Kraft und Vitalität. Die Mango-Frucht stimuliert das Nervensystem und versorgt es mit Energie. Auch bewirkt sie Gewichtszunahme, heilt Verstopfung, aktiviert die Nierentätigkeit und regt somit zu vermehrter Flüssigkeitsausscheidung an, was den Körper entschlackt.

Wer Mangos ißt, bleibt jung! Sie verhindern vorzeitiges Altern und schützen das System vor Abbau- und Alterserscheinungen. Eine zweimonatige Mango-Milch-Diät – während der Mangosaison – verjüngt den Magen und die Eingeweide, vermehrt das Verdauungsfeuer und regt den Appetit an.

Mangos sollten jedoch niemals auf leeren Magen gegessen werden. Ein Getränk aus Mangosaft (der Saft soll von einer fasrigen, saftigen Sorte stammen) heilt zu schwaches Verdauungsfeuer, chronische Ruhr und Verstopfung. Es sei nochmals gesagt, daß nur die saftigen, fasrigen Mangos leicht verdaulich sind, im Gegensatz zur süßen, fleischigen Mangoart, die schwer verdaulich ist.

Mit Zucker- oder Ahornsyrup durchtränkte Mangos wirken äußerst energiespendend. Sie stärken Gehirn, Magen, Lungen, Blut und beseitigen Verstopfung.

Die Mango gilt als reichste Vitamin A-Quelle unter den Früchten!

Papaya

Weiche, süße und reife Papayas sind eine Delikatesse. Sie gelten als reiche Vitamin-Quelle, vor allem besitzen sie einen hohen Vitamin A-Gehalt. Außerdem enthalten sie Eiweiß, Mineralstoffe wie Kalzium, Phosphor und Eisen sowie in geringen Mengen Thiamin, Riboflavin, Niacin und Vitamin C. Der Vitamin C-Gehalt ist am höchsten in der reifen und süßen Frucht. Die Kohlehydrate der Papaya enthalten hautpsächlich Invertzucker, der vom

Papaya

Blut direkt aufgenommen werden kann. Durch Sonnenlichtbestrahlung nimmt die Frucht mehr Sonnenenergie auf und wird süßer und vitaminreicher.

Indiens ayurvedische Ärzte und Hakims verordnen Papaya bei Leber-, Herz- oder Darmbeschwerden; auch werden sie als Mittel gegen Würmer in den Därmen verschrieben. Sie reduzieren die Galle (Pitta) und helfen bei Störungen, die durch ein Übermaß an Pitta verursacht wurden. Papayas sind appetitanregend,helfen der Verdauung, vermehren den Urinfluß, entwässern und verhindern Blähungen.

Rohe Papayas können als Gemüse-Curry, als trockenes Gemüse oder als köstliche Süßspeise zubereitet werden. Sie haben eine wohltuende Wirkung auf den Magen und die Bauchspeicheldrüse. Papaya's werden für Fleisch- und Fischgerichte als Weichmacher verwendet. Sie helfen der Fleisch- und Fischverdauung.

Die rohe Papaya verwandelt Milch in Käse und ergibt ein köstliches Dessert, das leicht verdaulich und wohltuend für die Därme ist. Rohe Papaya ist besonders gut für Leberkranke. Sie verursacht Kontraktionen der Muskelfasern des Bauches, bewirkt leichten und deutlichen Menstruationsfluß, kann aber bei schwangeren Frauen mitunter einen Abgang auslösen und sollte von letzteren deshalb gemieden werden.

Reife Papayas sind ein traumhaftes Frühstück, bereitet man sie mit Honig, geschlagener süßer Sahne und fein gemörserten Nüssen zu. Während der Winterzeit sollte Papaya nur am Tage gegessen werden. Während der Regenzeit sollte sie – wegen ihrer entwässernden Eigenschaft – nur selten gegessen werden.

Pfirsiche

Pfirsiche sind kalt und ölig, befriedigend und hervorragend für Menschen, die an Appetitlosigkeit leiden, weil sich ein Übermaß an Hitze im Körper angesammelt hat. Fieberkranke kommen schnell wieder zu Kräften, gibt man ihnen während des Tages alle zwei Stunden einen Pfirsich.

Pfirsiche sind ein ideales Nahrungsmittel für Kinder und alte Menschen.

Da sie aber neben ihrer Süße auch einen mild säuerlichen Geschmack enthalten, sollten sie von jungen Männern, spirituellen Aspiranten und enthaltsam Lebenden gemieden werden. Jedoch sind Pfirsische im beschränktem Maße (zwei bis drei pro Woche) für jedermann empfehlenswert. Pfirsiche schmecken sehr gut im Fruchtsalat mit Honig und Nüssen oder im Müsli.

Pflaumen – Alu Bokhara

Pflaumen sind kalt und leicht verdaulich. In kleinen Mengen gegessen wirken sie blutbildend. Sie öffnen den unteren Verdauungstrakt und reinigen den Magen. Pflaumen sind ein ausgezeichnetes Mittel gegen Krankheiten, die durch überstarke Galle (Pitta) und ein Übermaß an Körperhitze verursacht wurden. In Essig eingelegte Pflaumen (gepickelt) wirken appetitanregend und unterstützen den Verdauungsvorgang. Sie stärken die Leber und reinigen das Blut, da sie den Körper entgiften (entschlacken).

Getrocknete Pflaumen sind ein hervorragendes Mittel gegen Fieber. Saure Pflaumen sind ungeeignet zum Verzehr und sollten gemieden werden. Pflaumen sind sauer, solange sie nicht reif sind und können erst gegessen werden, nachdem sie einige Tage gelagert und nachgereift wurden. Zum Würzen von Gemüsegerichten, die säuerlich schmecken sollen, können anstelle der Granatapfelsamen oder anstelle von Mangopulver saure Pflaumen verwendet werden.

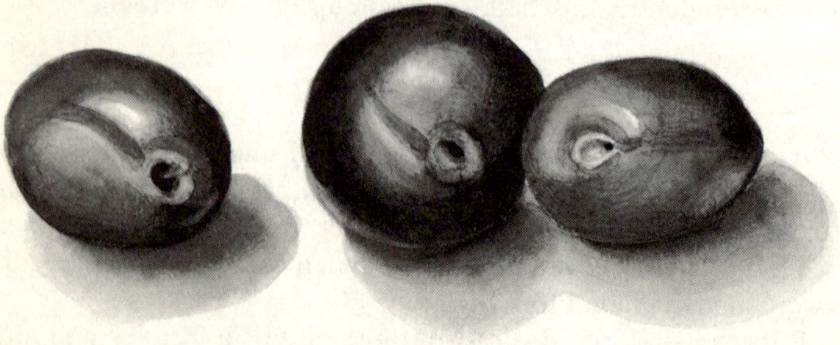

Pflaume

Rosinen

Nicht jede Traubenart eignet sich gleich gut zur Rosinen-Herstellung. Die qualitativ besten Rosinen stammen von getrockneten, süßen Trauben. Rosinen sind wegen ihres hohen Nährwerts sehr beliebt. Sie enthalten etwa achtmal soviel Zucker als frische Trauben; auch ist ihr Zucker dem der Trauben vorzuziehen. Der Hauptbestandteil ihres Zuckers ist Glukose und Fruchtzucker, was sie zu einer reichen Glukose-Quelle macht. Glukose kann vom Blut direkt aufgenommen werden und spendet unmittelbar Energie und Hitze, die die Quelle physischer Existenz sind. Das Gehirn braucht Glukose für die Aktivitäten des Nervensystems und Glukose ist auch der Treibstoff des Motors, der im Körper elektromagnetische Energie erzeugt. Glukose ist also ein Lebensspender und wird vom Körper regelmäßig verbraucht.

Als beste Glukose-Quellen gelten Rosinen und Trauben. Trauben sind nicht überall zu jeder Jahreszeit erhältlich. Rosinen dagegen sind eine direkte, allzeit erhältliche Glukosequelle. Schwächliche Menschen, alte Leute und Menschen, die durch auszehrende Krankheiten geschwächt sind, sollten Rosinen in der einen oder anderen Form zu sich nehmen.

Der Eisengehalt der Rosinen kann vom Körper leicht assimiliert werden; Rosinen sind blutbildend. Im Gegensatz zu vielen anderen Früchten sind Rosinen basenüberschüssig und halten den Säure-Basen-Haushalt des Körpers im Gleichgewicht. Außerdem stärken sie die Widerstandskraft des Organismus und erzeugen Vitalität.

Rosinen bilden – zusammen mit Pinien- und Pistazienkernen oder gerösteten Mandeln oder Cashewnüssen – ein vollwertiges Nahrungsmittel, das heranwachsenden jungen Menschen genügend Nährstoffe liefert. Diese Mischung eignet sich besonders gut für Studenten. Alle Nußarten, wie auch Rosinen, können im gleichen Verhältnis gemischt werden. Erdnüsse sollten nicht gegessen werden, da sie Harnsäure bilden und eine tamasische Natur besitzen, im Gegensatz zu den anderen genannten Nüssen, die sattvisch sind. Streng genommen sind Erdnüsse keine Nüsse sondern Hüsenfrüchte.

Rosinen enthalten Kohlehydrate, Eiweiß, Fett, Kalzium, Phosphor, Eisen sowie Thiamin und Niacin. Sie wirken auch als ausgezeichnetes natürliches Abführmittel.

Die Rosinen, die aus der großen, süßen und kernreichen Traubensorte hergestellt werden, werden ständig von ayurvedischen Heilern, wie auch von Hakims (Ärzte, die das griechische System praktizieren) für medizinische Zwecke verwendet. Die Rosinen werden in Milch gekocht und Patienten, die an chronischer Verstopfung leiden, vor dem Einschlafen gegeben – am nächsten Morgen ist der Darm erfolgreich gereinigt. Munnaqua, wie diese Rosinenart genannt wird, gelten auch als Herztonikum. Selbst längere Fastenkuren können ausschließlich mit Munnaqua's durchgeführt werden, und es lassen sich chronische Krankheiten heilen, allein durch die regelmäßige und ausschließliche Verwendung der Rosinen.

Rosinen fördern die gründliche Ausscheidung von Giftstoffen im Körper und verbessern die chemische Zusammensetzung des Blutes. In Verbindung mit Milch oder Joghurt gegessen, werten sie sich gegenseitig auf und ergeben ein vollwertiges Nahrungsmittel.

Rosinen können auf viele verschiedene Arten verwendet werden: In Currys, Salaten, Broten, Milch, Joghurt, Desserts, Backwaren, Konfekten, Marmeladen, Gelees, mit Nüssen und dergleichen mehr. Am besten ist es, sie für etwa 24 Stunden in Wasser oder Milch einzuweichen (oder zumindest eine Nacht). Das Einweichwasser kann allein verwendet werden oder zusammen mit den Rosinen den jeweiligen Speisen zugefügt werden. Das Einweichwasser ist ein starkes Tonikum und kann von Menschen aller Altersgruppen getrunken werden. Vor dem Einweichen sollten die Rosinen jedoch gründlich ausgelesen und gewaschen werden.

Die tägliche Verwendung von – selbstverständlich ungeschwefelten – Rosinen hält gesund und gibt Energie.

Trauben

Trauben sind der Menschheit als köstliche Früchte seit altersher bekannt und werden hauptsächlich wegen ihres reichen Glukosegehalts und ihrer mild sauren Natur sehr geschätzt. Ihre Säuren und Zucker werden vom Körper gründlich assimiliert und regen die Darm- und Nierentätigkeit an.

Vagbhatta, der berühmte ayurvedische Gelehrte, schreibt den Trauben eine abführende und entwässernde Qualität zu. Der weise Meister Sushrut bezeichnet Trauben als nahrhaft und sagt, daß sie dem Körper Lebenskraft liefern, die ihn vor Infektionen und Verfall bewahren.

Ungespritzte Trauben üben eine eindeutig günstige Wirkung auf die Eingeweide aus und Menschen mit schwachem Verdauungssystem sollten sie in ausreichenden Mengen verwenden. Die Zellulose der Trauben formt das notwendige feste Material des Stuhls. Allerdings sollten die Traubenschalen sorgfältig gekaut werden, da sie sonst starke Blähungen verursachen. Die Traubensäure reinigt die Eingeweide. Ihr Glukose- und Zuckergehalt ist leicht assimilierbar; aus diesem Grunde sind sie so wertvoll für die Reinigung des Darms. Trauben haben sich als hilfreich erwiesen bei Krankheiten von Haut und Lungen, bei Gicht, Rheuma, Arthritis und Korpulenz. Außer Glukose und Säuren enthalten Trauben Vitamine, Phosphor, Kalzium und einige andere Mineralstoffe, einen geringen Fettanteil und einen äußerst niedrigen Eiweißwert.

In Indien werden Trauben sowohl frisch wie auch getrocknet verwendet. Frische Trauben werden roh gegessen oder in bestimmten exotischen Getränken verwendet.

Bei den getrockneten Trauben sind zwei Sorten bekannt:

1. Rosinen und 2. Munnaqua.

Rosinen werden aus kleinen Trauben hergestellt und sind süßsauer im Geschmack.

Munnaqua werden aus großen, reifen, süßen Trauben hergestellt und sind süß im Geschmack. Munnaqua sind sehr gesund, geschmackvoll und nahrhaft und werden häufig von Medizinern verordnet.

Trauben

Ihre Glukose ist vorverdaute Nahrung und wird vom Körper direkt absorbiert. Sobald sie in den Körper gelangen, werden sie vom Blut direkt aufgenommen und in kürzester Zeit in Hitze und Energie umgewandelt. Aus diesem Grunde werden sie bei Krankheiten wie Fieber, Anämie, bei allgemeiner Schwächlichkeit, Verdauungsschwäche, Verstopfung, Wassersucht, Ruhr, Kolitis (eine Art Amöbenruhr), Bronchitis, Herzstörungen und Nierenbeschwerden verordnet.

Vier- bis sechstägige Fastenkuren, die einmal jährlich mit ungespritzten Trauben allein oder mit Trauben und Milch durchgeführt werden, sind äußerst reinigend. Dabei sollten pro Tag zwei bis vier Pfund frische, reife und süße Trauben gegessen oder als Saft getrunken werden.

Empfehlenswert ist auch Trauben-Essig, der aus dem Saft der sauren Traubenart hergestellt wird. Er kann in kleinen Mengen mit den Mahlzeiten verwendet werden und hilft vor allem Menschen mit schwachen Eingeweiden, schwachem Verdauungsfeuer sowie allen, die an Krankheiten leiden, die vom Humor Wind (Vayu) verursacht wurden, das sind beispielsweise Rheumatismus, Gicht und Arthritis.

Ungespritzte Trauben sind ein ideales Nahrungsmittel für gesunde und kranke Menschen, seien sie Kinder, Heranwachsende, Erwachsene oder alte Menschen.

Zitronen

Die Zitrone zählt zur Familie der Zitrusfrüchte und wird von der ayurvedischen Medizin wegen ihrer vielseitigen Qualitäten hoch geschätzt und gepriesen.

Zitronen sind sauer, zusammenziehend, leicht und kühlend. Sie enthalten Vitamin C und P (darum gelten sie als Anti-Skorbutikum und erhalten die Elastizität der Kapillaren) und Mineralstoffe, wie Sodium, Potassium, Magnesium, Kalzium, Eisen, Kupfer, Phosphor, Sulfur, Chlorin, Riboflavin und Nikotinsäure. Sie gelten als wichtige Quelle der Zitrussäure und sind deshalb in medizinischen Kreisen und in Hausrezepten bekannt. Zitronen wirken appetitanregend, stimulieren Verdauungs- und Assimilationsprozesse, sie heilen und beruhigen, stillen Durst, beseitigen Magenverstimmungen, wirken wohltuend auf die Nerven und beseitigen Übelkeit und Brechreiz. Sie werden verordnet, um Verdauungsschwierigkeiten, Übersäuerung, Ruhr und Diarrhöe mit ständigem Durchfall zu heilen. Zitronensaft beruhigt das Herz und verlangsamt den Herzschlag. Zitronen helfen bei hohem Blutdruck, fördern die Darmentleerung und sind gut für Nieren, Gebärmutter und andere Körperteile. Sie regen den Speichelfluß an und heilen Appetitlosigkeit und schlechte Verdauung. Nahezu alle Teile der Zitrone sind zum Verzehr geeignet. Meistens wird ihr Saft verwendet. Die Zitronenschale wird bei der Bäckerei, für Süßspeisen und zur Herstellung von »Pickles« gebraucht. Als Zitronen-»Pickle« haben sie großen medizinischen Wert, gemeint sind selbstverständlich nicht die kommerziell hergestellten »Pickles«.

Zitronen-»Pickle« ist ein bewährtes Hausmittel bei allen Arten von Magenverstimmungen. »Je älter desto besser«, lautet die Devise beim Zitronen-Pickle, denn mit dem Alter steigt sein medizinischer Wert. Die Verwendung von »Pickles«, süß-sauer und würzig eingelegten Gemüsen und Früchten, siehe auch Kapitel »Pickles«, während der Mahlzeiten ist äußerst empfehlenswert. Sie »kitzeln« die Zunge und erzeugen dadurch mehr Verdauungssäfte – der Speichelfluß wird angeregt. Zitronen-Pickle bietet eine ideale Möglichkeit der Konservierung und erhöht den medizinischen Wert der Zitrone. Empfehlenswert ist die Verwendung von »Pickles« während der Mittagsmahlzeit, dagegen sollten sie zum Frühstück und nach Sonnenuntergang sowie bei kaltem Wetter nicht gegessen werden. Zitronen und vor allem Zitronensaft sollten nie in Metallbehältern aufbewahrt werden.

Die Zitrone vermindert die Gallensekretion und wird aus diesem Grunde Gelbsuchtpatienten empfohlen. Da sich die Zitrone während des Nachverdauungsprozesses in basische Substanzen umwandelt, kann sie Krankheiten, die durch Übersäuerung entstehen – wie Rheuma und Gicht – heilen.

Zitronensaft ist ein organisches Desinfektionsmittel, das den Geweben keinen Schaden zufügt. Zitronen verhindern alle Arten von Steinbildung im Körper und schützen vor Erkältungskrankheiten, da sie anti-pneumonische Stoffe enthalten. Sie heilen Blähungen und ihr Saft wirkt mild abführend. Zitronensaft, täglich morgens mit lauwarmem Wasser genommen, heilt Verstopfung.

Die Verwendung von Zitronen für Salate und als Konservierungsmittel ist bekannt, dagegen ist der Gebrauch der Zitronenkerne meistens unbekannt. Die Anwendung der Zitronenkerne ist besonders erfolgreich bei Übelkeit, wenn der Patient wiederholt erbricht und der Brechreiz nicht aufhört. Eine Paste aus ein bis drei frisch geschälten und im Mörser fein zerriebenen Zitronenkernen, vermischt mit einem Teelöffel Honig, wirkt wahre Wunder und beseitigt Erbrechen sofort. Zitronenkerne werden in der Medizin auf viele verschiedene Arten angewendet.

Fettpolster lassen sich reduzieren, trinkt man morgens täglich als erstes Zitronensaft mit lauwarmem Wasser und einem Teelöffel Honig. Ein 7tägige Fastenkur mit Zitronenwasser heilt Magen- und Darmkrankheiten.

In Indien ist während der heißen Sommerszeit »Shikanjibin«, ein besonderes Zitronengetränk, sehr beliebt. »Shikanji« oder »Shikanjibin«, wie es genannt wird, besteht aus dem Saft frischer Zitronen, der mit einer Zuckerwasserlösung vermischt und mit einigen pulverisierten Gewürzen und einer Prise schwarzen Salzes serviert wird.

Die Gewürzmischung für »Shikanji« besteht aus:
1 Teel. Cuminpulver in einer Pfanne trocken angeröstet,
1 Teel. Cuminpulver ungeröstet,
¼ Teel. schwarzer Pfefferkörner,
4–6 Nelken
2 roten Kardamomkapseln ohne Schale
2 grünen Kardamomkapseln ohne Schale
2 Gramm schwarzem Salz
Alle Gewürze werden im Mörser fein zerrieben.

Die Gewürzmischung kann in einem dichtschließendem Glas trokken, licht- und luftdicht aufgehoben werden. Eine Prise dieser Mischung über »Shikanji« gesprenkelt, gibt dem erfrischenden Getränk ein herrliches Aroma und macht es besser verdaulich.

Moslems und zwiebelessende Hindus lieben Salat, wenn er mit Zitronensaft, feingeschnittenen Zwiebeln, einer Prise Salz und frischen, geschnittenen roten oder grünen Paprika bereitet wird.

Die Verwendung von Zitronen zu den Mahlzeiten, in den Gerichten, in Getränken, in Form von »Pickles« oder anderweitig ist empfehlenswert. Ihr ständiger Gebrauch hält den Körper gesund. Bei allen Rezepten sollten jedoch die Zitronenkerne stets entfernt werden. Zitronenkerne können nur gesondert als medizinisches Mittel angewendet werden.

NÜSSE

Nüsse gelten als hervorragende Quelle von Eiweiß, Fett, Mineralstoffen und bestimmten Vitaminen. Generell enthalten sie Kohlehydrate, Zellulose, Kalzium, Phophor, Sodium, Magnesium und Eisen, zusammen mit Vitamin A, Thiamin, Riboflavin und Vitamin C. Somit gelten sie als Lagerhaus konzentrierten Nährstoffmaterials. Für Vegetarier ist die Verwendung von Nüssen in der Diät ein Muß.

Nüsse besitzen ein qualitativ hochwertiges Eiweiß, das selbst wertvoller ist als das Eiweiß der Milch, das des Fleisches und das in Eiern vorkommende Eiweiß. Es wird vom System ebenso leicht verdaut wie Milch. Ihr Ölgehalt verhindert, daß sie sich im Körper Fäulnisvorgängen unterziehen. Nüsse enthalten weder Harnsäure noch anderweitige Giftstoffe und sind frei von Bakterien. Sie sind leicht assimilierbar und werden kaum im Magen fermentiert.

Nüsse enthalten mehr Fett als irgendeine der Gemüsearten und ihr Ölgehalt macht sie kalorienreicher als beispielsweise Körner, Hülsenfrüchte oder Obst.

Nüsse haben einen feinen delikaten Geschmack und sind von überaus hohem Nährwert. Ihre Energie ist sattvischer Natur. Sie ergänzen sich ausgezeichnet mit Datteln, Rosinen, Feigen und Aprikosen. Diese Kombination ist besonders wertvoll und gesund für heranwachsende junge Menschen und wirkt leicht abführend. Der hohe Nährstoffgehalt der Nüsse wertet den Nährwert aller anderen Nahrungsmittel, die mit ihnen ergänzt werden, auf. Deshalb werden Nüsse seit altersher gern und oft in Currys, Reisgerichten und Süßspeisen verwendet.

Nüsse, die über Nacht in Wasser eingeweicht werden, können leicht zu einer feinen Nußpaste zerrieben werden. Auch kann man aus ihnen eine Art Milch herstellen, die der Kuhmilch sehr ähnlich ist. Diese Milch ist besondern leicht verdaulich und eignet sich für Menschen aller Altersgruppen, vor allem aber für Mütter nach der Entbindung sowie für Säuglinge und alte Menschen. Auch indische Ringkämpfer und Body-Builder nehmen Nüsse in dieser Form zu sich.

Nußmilch sollte von Ringern, Kindern und alten Menschen roh, d.h. ungekocht, verwendet werden. Dagegen sollten Frauen, die frisch entbunden haben, die Nußmilch in gereinigter Butter (Ghee) kochen lassen.

Aus der Nußmilch kann – genau wie von Kuhmilch – Joghurt hergestellt werden. Häufig wird zur Herstellung von Süßspeisen Nußmilch zum Gerinnen gebracht, indem man sie aufwallen läßt und durch Zufügen von Zitronensaft gerinnen läßt.

Die Verwendung von Nüssen in Form von Butter ist ideal. Frische Nuß-Butter ist leicht verdaulich und erzeugt kaum Blähungen. Die Butter sollte stets frisch aus gerösteten Nüssen hergestellt und niemals lange gelagert, sondern schnell verbraucht werden. Die Verbindung von Nuß-Butter und Honig ist nahrhaft und reinigt das System.

Nußöl wird auch äußerlich zur Körpermassage verwendet; ebenso Nußpasten für Schönheits- und Gesichtsmassagen.

Auch Nüsse sollten in der richtigen Menge genossen werden und entweder sorgfältig und lange gekaut, oder aber – besser – über Nacht in Wasser oder Milch eingeweicht und anschließend im Mörser zu einer feinen Paste oder Butter zerrieben werden. Nüsse, die nicht ordentlich zerrieben, beziehungsweise gründlich gekaut und eingespeichelt werden, erzeugen Verdauungsschwierigkeiten; da der Verdauungssaft in diesem Fall nicht direkt mit den Nüssen reagieren kann werden sie vom System wieder ausgeschieden, ohne ordentlich verwertet worden zu sein.

Nüsse werden am besten zum Frühstück verwendet oder während des Tages in Form von Getränken, ebenso in Curries und Süßspeisen. Doch sollten sie zu Beginn der Mahlzeiten gegessen werden und keinesfalls als einzige oder einseitige Nährstoffquelle dienen.

Der Verzehr von mehr als 150 Gramm Nüssen pro Tag und Person ist schädlich, sofern man weder körperliche Schwerarbeit noch manuelle Tätigkeiten ausübt. Nur Ringern, Body Buildern, Athleten und Sportlern ist es möglich, eine größere Menge von Nüssen ohne Schwierigkeiten zu verdauen. Für Normalverbraucher ist die Menge von 150 Gramm Nüssen ausreichend. Alte Menschen und Kinder sollten sogar nicht mehr als 50 bis 100 Gramm Nüsse pro Tag zu sich nehmen.

Es ist immer gut, Nüsse in Verbindung mit anderen Lebensmitteln zu verwenden. Alle Nuß-Arten können im gleichen Verhältnis mit Datteln, Aprikosen, Rosinen, Milch, Joghurt, Getreiden, Halva, Khir, Reispudding, Curries, Brot usw. kombiniert und gegessen werden.

Cashew-Nüsse

Cashew-Nüsse haben den zweithöchsten Nährwert unter den Nüssen und werden heutzutage immer populärer. Vor etwa vier-, fünfhundert Jahren wurde diese Nußart von Südamerika nach Indien gebracht, wo sie heute in großen Mengen in Küstengebieten wächst.

Die Cashew-Nuß ist ein sattvisches Nahrungsmittel mit hohem Nährwert. Sie enthält Eiweiß, Mineralstoffe, Kohlenhydrate, Kalzium, Phosphor, Eisen, Karotin, Thiamin, Niacin und Riboflavin.

Das Cashew-Protein ist besser als das des Fleisches, da es keine Harnsäure im Körper erzeugt und in ausreichenden Mengen zugeführt werden kann. Es dient der Gesundheit, stärkt die Widerstandskraft, hilft dem Körperaufbau und verleiht Kraft und Vitalität. Gesunde Menschen können bis zu 100 Gramm Cashews pro Tag problemlos zu sich nehmen.

Cashew-Nüsse sind besonders reich an Vitaminen der B-Gruppe. Vor allem Thiamin (ein chemischer Bestandteil, der für das Nerven- und Verdauungssystem von Bedeutung ist) kommt im Überfluß in Cashew-Nüssen vor. Riboflavin, das dem System zur Jungerhaltung dient, ist ebenfalls in ausreichenden Mengen in Cashews enthalten, wie auch Eisen. Diese Verbindungen macht sie zu einem idealen Lebensmittel für jedermann, einschließlich jener Menschen, die an Anämie, Schwächlichkeit, Magersucht und allgemeiner Anfälligkeit leiden.

Die beste Art, Cashews nutzvoll zu verwenden ist es, sie genau wie »Mandeln« zu behandeln, d. h. Milch aus ihnen herzustellen. Dazu werden die Cashews über Nacht in Wasser eingeweicht – mitunter genügen auch schon wenige Stunden – dann werden sie zu einer feinen Nußpaste zerrieben, wobei soviel Wasser zugefügt wird bis die Nußmilch die Konsistenz von Kuhmilch besitzt. Dann wird die Cashewmilch durch ein Sieb passiert. Dieses Cashewmilch kann nun als solche oder aber mit etwas Honig getrunken werden.

Als Mittel gegen Anämie werden die gleiche Menge Rosinen und Cashews gewaschen und in Wasser eingeweicht. Nach einigen Stunden werden sie zusammen mit einem Teil des Einweichwassers zu einer Paste zerrieben. Aus dem restlichen Einweichwasser wird die Paste zur Nußmilch verflüssigt.

Aus der von Cashew-Nüssen und Wasser gewonnenen Milch kann auch Joghurt hergestellt werden, wenn die Joghurtkultur (wie in den Kapiteln »Nüsse« und »Mandeln« beschrieben) in die vorher abgekochte und auf Körpertemperatur abgekühlte Milch gerührt wird. In Form von Joghurt haben Cashew-Nüsse eine wohltuende Wirkung auf die Verdauungsorgane und sind empfehlenswert für alle, die an Verdauungschwierigkeiten leiden.

Die Nußmilch kann auch zur Bereitung von Süßspeisen und Curries verwendet werden. Der Nährwert der Cashews wird noch erhöht, nimmt man sie in Form von Milch zu sich oder in Verbindung mit anderen Nüssen, wie Mandeln, Walnüssen, Pinienkernen, mit Rosinen, Datteln, Feigen oder mit getrockneten Aprikosen. Das Cashewöl ist wertvoller als Olivenöl und kann für Salate, Milchgetränke oder zur Massage verwendet werden.

Kokosnuß

In Indien wird die Kokosnuß als »heilige« Frucht häufig – zusammen mit zerstoßenem Kandiszucker oder Rosinen – als Prasad (geweihte Speise) verwendet. Die ganze Kokosnuß in der Schale mit Rinde wird dem Gott der Erhaltung, Vishnu, und seiner Shakti an ihren Altären dargebracht, auch schwimmen die Früchte als Opfergaben auf dem heiligen Fluß Ganga. Die Kokosnuß selbst wird als Vishnu verehrt und als Satya Narain (Gott der Wahrheit).

Bei allen Arten von Eröffnungsfeierlichkeiten wird eine Kokosnuß gebrochen, symbolisch, um Gott zur Teilnahme einzuladen. Diese Kokosnuß wird anschließend unter den anwesenden Teilnehmern verteilt. Die Kokosnuß spielt eine bedeutende Rolle bei allen zeremoniellen Gelegenheiten und gilt bei Hochzeitsvorbereitungen als Symbol guten Glücks. Sie wird als ein Geschenk der Götter an die Menschen betrachtet und ihre Verwendung bei der Zubereitung von Speisen ist weit verbreitet.

Die Kokosnuß ist eine sattvische Frucht. Sie ist überaus nahrhaft und besitzt einen hohen Kalorienwert. Sie ist leicht verdaulich, unterstützt den Verdauungsvorgang und reinigt die Eingeweide.

Die Kokosnuß kann in allen Stadien ihres Wachstums- und Reifungsprozesses als Nahrungsmittel verwendet werden. Selbst wenn die Kokosnuß noch grün ist, kann ihre Milch als köstliches Erfrischungsgetränk genossen werden. Dieses Getränk hat wegen seiner basischen Natur eine äußerst wohltuende Wirkung auf den Magen. Es reduziert die Galle (Pitta) und heilt chronischen Zorn.

Das Fruchtmark der Kokosnuß wird, wenn weich und süß, gut gekaut und roh gegessen – es stärkt das Zahnfleisch. Die Kokosnuß enthält Zucker in gelöster Form, der leicht verdaut und assimiliert werden kann. Auch ist sie eine reiche Quelle an Vitaminen des B-Komplexes, Mineralsalzen, Sodium, Kalzium, Potassium, Magnesium, Sulfur, Eisen, Kupfer und Chlorin. Im Wasser der noch grünen Kokosnuß stellte man das Vorhandensein von Niacin, Pantothensäure, Biotin, Riboflavin, Fol-Säure, Thiamin und Nikotinsäure, die alle der Vitamin B-Familie angehören, fest. Wegen dieser Substanzen gilt die Kokosnuß als wirkungsvolles Verjüngungsmittel. Ihr Ölgehalt macht sie zum geeigneten Nahrungsmittel für magere und dünne Menschen, da sie ihr Gewicht vermehrt. Das Kokosnußöl ist leicht verdaulich und wird vom Körper ohne Schwierigkeiten konsumiert, und zwar besser als alle anderen Öle und Fette.

Das qualitativ hochwertige Eiweiß der Kokosnuß wird ganz besonders geschätzt, da es sämtliche für den Körper notwendigen Aminosäuren enthält.

Die Kokosnuß ist in jeder Form – roh oder reif gegessen, oder nur ihr Wasser getrunken – ein wirksames Hausmittel zur Beseitigung von Magenübersäuerung. Das im Kokosnußwasser, wie auch in ihrem Fruchtfleisch, enthaltene Öl neutralisiert die Magensäuren und vermindeter ihre Sekretion. Das geraspelte Fruchtfleisch wirkt, mit seinem besonderen chemikalischen Wert, günstig auf die Därme, die Rückstände der Raspeln wirken wie eine Bürste, die die Därme reinigt. Kokosnuß hilft gegen Schluckauf, Brechreiz und Übersäuerung.

Kokosnußraspel läßt sich in Süßspeisen, Reisgerichten, Konfekten und Puddings verwenden beziehungsweise einfach roh essen.

Kokosnußöl ist vor allem für Frauen zur Massage von Haar und Körper zu empfehlen. Es hat einen kühlenden Effekt und hilft deshalb auch bei Verbrennungen, es heilt Wunden, bewahrt die Haut vor Austrocknung und wird häufig zur Herstellung von kosmetischen Artikeln und Shampoos verwendet.

Mandeln

Mandeln sind von allen Nußarten die beliebtesten und meistbekannten Nüsse. Sie besitzen einen köstlichen Geschmack, sind nahrhaft und energiespendend. In Nordindien ist es sehr verbreitet, Kindern morgens frische Mandelpaste mit Honig zu geben. Für geistig arbeitende Menschen sind Mandeln besonders gut; gleichermaßen beliebt sind sie bei Ringern, Body Buildern u. Athleten.

Mandeln enthalten den qualitativ hochwertigsten Eiweißstoff, zusammen mit dem qualitativ hochwertigsten Fett sowie Mineralstoffe, Kalzium, Magnesium, Phosphor, Eisen, Kohlenhydrate, Thiamin und Niacin. Ihr Thiamin-Gehalt macht die Mandel zum Nerventonikum und zur Nahrung fürs Gehirn.

Mandeln sind frei von Bakterien. Ihr Ölgehalt schützt sie vor Fermentierung. Sie enthalten weder Giftstoffe, noch Harnsäure, noch Fasermaterial. Ihr qualitativ hochwertiges Protein macht sie leicht assimilierbar und leicht verdaulich.

Mandeln werden geröstet, gesalzen, kandiert oder gezuckert, als Paste, in Form von Butter, Milch, Joghurt, in Gebäck, Konfekt, Süßspeisen, Salaten, Curries und dergleichen mehr verwendet.

Die beste Art, Mandeln zu essen, ist es, sie über Nacht in Wasser einzuweichen und sie am nächsten Morgen zu schälen und auf einem Sandstein zu einer feinen Mandelpaste zu zerreiben. Die Mandeln lassen sich sehr leicht zerreiben, wenn sie immer wieder mit einigen Tropfen Wasser beträufelt werden. Auf diese Art zubereitet, können die Mandeln mit dem Honig direkt im Verdauungstrakt assimiliert werden, ohne den Magen oder Darm passieren zu müssen. Sieben Mandeln, die auf einem Stein zerrieben werden, liefern mehr Energie als 50 Gramm geröstete, gesalzene oder gesüßte und sorgfältig gekaute Mandeln.

Mandeln enthalten Öl, und werden sie nicht bereits im Mund sorgfältig zerkleinert und zu einer feinen Paste zerkaut und eingespeichelt, können sie vom Magen oder Darm niemals aufgespalten werden und verlassen das System unverdaut und unverwertet.

Eine andere Art, die wertvollen Nährstoffe der Mandel dem Organismus optimal zuzuführen ist es, die über Nacht eingeweichten und geschälten Mandeln wiederum zu einer feinen Paste zu zermahlen und dabei Wasser oder Milch zuzufügen. Anschließend wird die Paste mit der Milch durch ein Sieb passiert, so daß eine dünnflüssige Mandelmilch entsteht, die, wie sie ist, getrunken werden oder auch mit anderen Getränken kombiniert werden kann. Selbst Joghurt kann aus Mandelmilch hergestellt werden. Dafür wird die Milch zum Aufwallen gebracht und anschließend auf Körpertemperatur abgekühlt. Dann fügt man der Mandelmilch etwas Joghurtkultur bester Qualität hinzu, rührt gut um und läßt das Ganze über Nacht an einem gleichmäßig warmen Platz ruhen. Mandeln sind in dieser Joghurt-Form am leichtverdaulichsten, doch auch anderweitig verzehrt, wie zum Beispiel fein zerrieben oder gekocht, werden sie leicht verdaulich.

Zur Herstellung von frischer Mandel-Butter müssen die Nüsse ebenfalls über Nacht in Wasser eingeweicht worden sein, dann geschält und zu einer feinen Paste zerrieben werden. Es können auch geröstete Mandeln zur Herstellung von Mandel-Butter verwendet werden.

Süße Mandeln sind ein sattvisches Nahrungsmittel und eine Notwendigkeit für alle Vegetarier.

Bittere Mandeln enthalten Giftstoffe und sind deshalb zum Verzehr ungeeignet, doch sind sie sehr gut für die Haut. Massage mit Bittermandelpaste und Kichererbsenmehl kann die Hautbeschaffenheit aller Altersgruppen verbessern und verjüngen.

Bittermandelöl ist aus Gründen der Geruchsverbesserung Bestandteil vieler Kosmetikas, gleichzeitig hat es eine wohltuende Wirkung auf die Haut.

Durchschnittsverbraucher sollten nicht mehr als 50 Gramm Mandeln pro Tag zu sich nehmen. Rohe Mandeln sollten mit anderen Nüssen, Trockenfrüchten wie Feigen, Rosinen oder Aprikosen kombiniert werden.

Pistazien

Pistazienkerne sind bekannt für ihre besondere Farbe, ihr feines Aroma und ihren einzigartigen Geschmack. Darüberhinaus besitzen auch sie einen hohen Nährwert. Pistazien sind eine Quelle wertvoller Nahrungssubstanzen, sie enthalten Eiweiß, Fett, Mineralstoffe, Kohlehydrate, Kalzium, Phosphor, Eisen, Karotin, Thiamin und Nikotinsäure. Wegen ihres Eisen- und Thiamin-Gehaltes spricht man den Pistazien eine blutbildende und nervenstärkende Wirkung zu. Ayurvedische »Vaidyas« wie auch »Hakims« verordnen sie ihren Patienten, die an Anämie, Schwächlichkeit, Nervosität, Herzbeschwerden oder niedrigem Blutdruck leiden sowie bei zahlreichen anderen Beschwerden, die in Verbindung mit Blut- und Nervensystem stehen.

Die Verwendung von Pistazien in der Ernährung zur Vitalisierung und Verjüngung des Organismus ist weit verbreitet. Pistazien werden roh gegessen, zusammen mit anderen Nüssen und Rosinen, auch sind sie Bestandteil von Delikatessen, Eis-Spezialitäten und Joghurt-Speisen, von Puddings, Konfekten, Reisgerichten, Curries und dergleichen mehr. Auch geröstet und gesalzen werden sie gegessen. Doch gilt auch bei ihnen, wie bei allen anderen Nußarten: der Organismus kann sie am besten verwerten, wenn sie zu einer Milch verarbeitet oder in Form von Butter genossen werden (wie bereits beschrieben unter »Mandeln« und »Cashewnüssen«).

Bei allen süßen Zubereitungsarten bewahren Pistazien ihre sattvische Natur.

Pistazien sollten in mäßigen Mengen gegessen werden. Der Verzehr von mehr als 50 Gramm pro Tag und Person könnte mitunter Schwierigkeiten verursachen. Das Eiweiß der Pistazien ist wertvoller als das Eiweiß von Fleisch oder Milch, da es leicht verdaulich ist und im Körper keine Harnsäure bildet. Allerdings müssen die Nüsse zur guten Verdaulichkeit sorgfältig gekaut und eingespeichelt werden.

Pistazienöl ist dem Olivenöl vorzuziehen. Es wird im allgemeinen den Nüssen belassen. Auszüge werden nur manchmal für medizinische Zwecke gemacht.

Es ist empfehlenswert, verschiedene Nußarten miteinander zu kombinieren, anstatt nur einseitig ein oder zwei bevorzugte Nußarten zu gebrauchen.

Walnüsse

Walnüsse sind heiß, sie mehren Hitze und Schleim und sollten deshalb nicht im Übermaß gegessen werden. Fünf bis sieben Walnüsse pro Person und Tag sind mehr als ausreichend, ansonsten regen sie die Galle im zu starken Maße an und bilden kleine Bläschen im Mundbereich, irritieren die Kehle und verursachen Verdauungsbeschwerden.

In kleinen Mengen genossen wirken sie positiv auf das Nervensystem sowie aufs Gehirn und das allgemeine körperlich Wohlbefinden. Walnüsse liefern Energie und stärken die Reaktionsfähigkeit.

SÜSSMITTEL

Honig

Honig ist eine Mischung aus Blütenpollen und dem Nektar der Blumen, vermengt mit dem Schleim der Bienen, der ein Enzym enthält, das Rohrzucker in Fruchtzucker oder Glukose umwandelt. Außerdem enthält Honig einen kleinen Anteil lösbaren Wachses, was ihn qualitativ wertvoller macht als alle anderen Süßmittel.

Auch der Honig zählt zu den heiligen Speisen und ist Bestandteil eines heiligen Getränks, das »Panchamrit« genannt wird und aus fünf Nektaren besteht. Als vorverdautes Nahrungsmittel ist Honig Medizin. Er enthält Eisen, Phosphor, Kalzium, Sodium, Potassium, Sulfur und Mangan und kann deshalb, ohne die Verdauungsorgane zu belasten, leicht assimiliert werden.

Honig kann selbst einem neugeborenen Kind gegeben werden, wie auch einem alten Menschen auf dem Sterbebett. Er ist ein steter Energiespender und kann niemals schaden.

Besonders der Honig, der von kleinen Bienen stammt, gilt als Nektar und wird zum Reinigen der Augen empfohlen. Er wird in den Augen assimiliert und liefert Energie, er heilt viele Krankheiten und verbessert die Sicht.

Honig ist gut für Herz, Kehle, Brust, Lungen und Leber, und vor allem – wegen seiner basischen Natur – für das Blut. Honig tötet Bakterien. Eine drei- bis sechstägige Fastenkur mit ausschließlich Honig und Zitronenwasser reinigt den Körper von allen Bakterien.

Honig ist auf lange Zeit haltbar. In der über 3000 Jahre alten Grabkammer einer ägyptischen Königin wurde ein Gefäß mit Honig gefunden, der noch immer gut erhalten war, unfermentiert im Besitz seines natürlichen Aromas und Geschmacks. Doch meistens wird Honig, der älter als 10 Jahre ist, von indischen

Vaidyas nicht mehr für medizinische Zwecke gebraucht. Frischer Honig wird bevorzugt, doch ist alter Honig gut für die Augen.

Honig gilt als hervorragendes Konservierungsmittel. An indischen Königshöfen wurden reife Früchte in Honig eingelegt, um ihre natürliche Form zu erhalten, damit sie in jenen Jahreszeiten verwendet werden konnten, wo sie in der Natur nicht zu finden waren. Selbst nach sechs bis neuen Monaten waren die Früchte so frisch, als hätte man sie gerade vom Baum gepflückt. Dafür werden die reifen Früchte an ihren Stielen mit reinem Bienenwachs versiegelt (und zwar an der Stelle des Stiels, wo dieser sich mit dem Zweig verband) und dann in Töpfe mit frischem Honig eingelegt.

Honig bildet die Basis aller ayurvedischen Arzneien. Da er die chemische Zusammensetzung der meisten Medizinen nicht verändert, werden diese mit Honig vermischt und dem Patienten gegeben.

Der Assimilationsprozeß des Honigs beginnt im Munde. Er wird größtenteils assimiliert, bevor er den Magen erreicht. Honig muß nicht in den Därmen verdaut werden. Mit Honig vermischte Medizinen werden ebenfalls sofort assimiliert und gelangen so schnell und leicht in das Blutkreislaufsystem, was einer raschen Genesung hilft. Man nimmt an, daß der Honig die Chemikalien der Arznei aufnimmt und direkt in den Blutstrom führt. Ohne Magen, Därme oder Leber zu belasten, hilft er dem Herz. Derart ist Honig ein herzstärkendes Mittel und wirkt wahre Wunder bei Herzkrankheiten.

Honig mit warmem Wasser oder in größeren Mengen genommen, wirkt abführend. Ein Einlauf mit Honig und heißem Wasser hilft bei chronischer Verstopfung.

Die Verwendung von Honig mit schwarzem Pfeffer ist ein bewährtes Hausmittel bei Husten und Erkältungskrankheiten. Herzkranken Menschen wird Honig mit zerriebenen Perlen und hauchdünnen, hundertprozentig reinen Silberblättchen gegeben. Honig mit Ingwerpulver wirkt appetitanregend und verdauungsfördernd.

Honig mit frisch geriebener Mandelpaste – als erstes Frühstück am Morgen – wirkt stärkend auf Herz und Gehirn. (Dafür werden bis zu sieben Mandeln über Nacht in Wasser eingeweicht, am nächsten Morgen geschält und einzeln mit einigen Tropfen Wasser auf einem mittelgroben Stein fein zerrieben, bis eine Mandelmilch entsteht).

Honig sollte unter keinen Umständen gekocht werden, da beim Kochen sein natürlich lösliches Wachs zerstört wird und er somit seinen medizinischen Wert verliert. Ungekochter Honig fermentiert nie im Magen und erzeugt keine Blähungen.

Der Gebrauch von Honig für heranwachsende Kinder, für Erwachsene und schwangere Frauen, sowie für schwache und kranke Menschen ist weit bekannt. Doch gewinnt der Honig als Nahrungsmittel erst heute wieder mehr an Bedeutung, da die Imkerei wieder üblicher wird.

Affen und Bären lieben Honig sehr. Da die Affen Angst haben von den Bienen gestochen zu werden, wenden sie vielerlei Tricks an, um sich den Honig zu ergattern. Die Bären jedoch saugen ungeniert am Bienenhonig, denn sie haben ein so dickes Fell, daß Bienenstachel ihnen nichts anhaben – nur die freche Nase und das süße Maul müssen sie hüten.

Jaggery und Gur

Jaggery ist fest gewordener Zuckerrohrsaft und gilt – nach Honig – als nächstbestes Süßmittel. Jaggery wird gewonnen, indem der Zuckerrohrsaft gekocht und zu einer teilweisen Gerinnung von pastenartiger Konsistenz gebracht wird. Nachdem der Saft zu einer dicken Paste eingedickt ist, läßt man ihn abkühlen und erstarren. Dieses feste Produkt wird Jaggery genannt. Jaggery kann sicher aufbewahrt und als Süßmittel verwendet werden, wogegen Zuckerrohr oder Zuckerrohrsaft nicht über längere Zeit hin haltbar ist. Der Saft fermentiert innerhalb von 36 Stunden und das Zuckerrohr selbst trocknet aus, das heißt der Zuckergehalt des frischen Rohres geht verloren. Es war also die Not, die den Menschen dazu brachte, den Zuckerrohrsaft zu kochen. Gekocht ist er lange haltbar und stets vorhanden wenn er gebraucht wird.

»Sarkara« ist ein Wort, das in der vedischen Literatur zu finden ist. Die Verwendung von Sarkara bei heiligen Feuerzeremonien

(Havan oder Agni Hotra) war weit verbreitet. Sarkara wurde gewonnen, indem man die Molasse aus der gekochten Zuckerrohrsaftpaste herauszog und sie mit einer Art Seegras der heimischen Teiche raffinierte.

Jaggery ist erstarrter Zuckerrohrsaft, der noch Molasse enthält. Jaggery enthält alle Nährwerte, die ursprünglich im Zuckerrohr enthalten sind. Bei der Herstellung von Jaggery wird dieser gesäubert, jedoch nicht raffiniert. Seine Qualität hängt von seiner Reinheit ab, die seine Farbe und den Geschmack bestimmen.

Jaggery enthält Eiweiß, Kohlehydrate, Mineralstoffe, wie Kalzium, Potassium, Sulfur, Eisen und Phosphor. Er gilt auch als gute Vitamin A-Quelle und ist reich an Vitaminen des B-Komplexes. Die in Jaggery enthaltene Molasse hat einen hohen Wert an Eisen, Kalzium, Pantothensäure, Niacin, Riboflavin, Biotin, Pyridoxin und Thiamin sowie Folsäure.

Jaggery wird auch aus Palmensaft gewonnen und wird dann Gur genannt. Genau wie der Zuckerrohrsaft wird der Palmensaft eingekocht und teilweise eingedickt. Gur ist sehr schmackhaft und gesünder und weniger süß als das Rohrzucker-Jaggery.

Jaggery kann auch von anderen Süßstoffquellen hergestellt werden. Alle Jaggery-Arten sind im Nährwert sowohl dem weißen, wie auch dem raffiniertem Zucker bei weitem überlegen.

In Indien ist die Verwendung von Jaggery anstelle des raffinierten Zuckers vor allem in den Dörfern noch mehr verbreitet. Jaggery wird mit gerösteten Hülsenfrüchten, mit Erdnüssen, in Milch, in Joghurt und mit Brot und Reis gegessen. Viele Süßigkeiten, Puddings und Bonbons werden aus Jaggery oder Gur hergestellt. Ein Getränk aus Jaggery ist während heißer Sommertage sehr beliebt. Süße Getränke halten den Blutzuckerspiegel im Gleichgewicht und liefern augenblicklich Energie. Jaggery und Gur sind Nahrung für Herz und Leber und regen den Metabolismus des Körpers an.

Übermäßiges Süßen sollte stets vermieden werden, doch hilft ein kleines Stückchen Jaggery – nach einer üppigen Mahlzeit genommen – der Verdauung.

Jaggery ist unter dem Namen »Ursüße« oder »Succanat« im Handel erhältlich.

Während der Schwangerschaft ist Jaggery jedoch zu meiden!

MILCH

Milch ist ein göttliches Getränk; ist Nektar für den menschlichen Organismus. Seit Urzeiten wird in Indien die Kuh als »heilige Mutter« verehrt. Sie um jeden Preis zu schützen, gilt als höchste Tugend nach dem religiösen Gesetz der Hindus.

Die Kuh symbolisiert das Erdelement. In den Geschichten der Puranas erscheint – immer wenn ein Ungleichgewicht zwischen Gut und Böse herrscht – die Erde in Gestalt einer Kuh vor dem Erhalter des Universums »Vishnu« und bittet um seine Hilfe für die Wiederherstellung der Harmonie. Dies ist die Rolle der Kuh. Sie zeigt – in anderen Worten – die Bedeutung der Milch. Die Erde symbolisiert den menschlichen Körper. Wann immer im Körper Disharmonie herrscht, nähert sich der Erhalter des Universums – Vishnu –, der ansonsten friedlich auf seiner Schlange im Milchmeer ruht.

Der ruhende Vishnu im Milchmeer symbolisiert die erhaltende Kraft der Milch. Milch wirkt als erhaltendes Prinzip auf den Körper. Indiens Vorväter schufen großartige Werke von hohem philosophischen und künstlerischen Wert und führten glücklich ein gesundes, langes Leben, frei von Ängsten und Komplexen, da sie der Kuh seit jeher dienten, sie pflegten und verehrten und von ihr mit Milch belohnt wurden. Hinter dem Geheimnis des einzigartigen spirituellen Wachstums der alten Inder steht schlicht die Kuh-Milch, die einen Hauptbestandteil ihrer Ernährungsweise bildete. Milchprodukte wie Käse, Joghurt, Butter, Buttermilch und dergleichen mehr, zählen zu den sattvischen Lebensmitteln.

Auch heute noch werden 75 Prozent der Süßspeisen, die in Indien's Süßwarenläden verkauft werden, aus unzähligen abgewandelten Milchverbindungen bereitet.

Kalzium, Vitamine und Eiweiß sind reichhaltig in frischer Vollmilch enthalten. Diese ideale Kalzium-Vitamin-Eiweiß-Verbindung macht die Milch zu einem so wertvollen Lebens- und Heilmittel. Milch zählt zu einem von sechs Elixieren. Sie entwickelt – laut medizinischer Aussagen – ihre energiespendende Kraft bereits, wenn sie die Kehle herunterrinnt. Frische Vollmilch ist ein vollkommen ausgewogenes Lebensmittel und enthält alles, was der menschliche Körper für sein Wachstum und die Entwicklung braucht.

Milch gibt vitale Lebenskraft – Ojas – und ein langes Leben. Wegen ihrer lebensbewahrenden Qualität und Heilkraft wurde die Milch seit jeher nicht nur empfohlen und genossen, sondern auch verehrt, denn der Erhalter des Lebens – Vishnu – ruhte auf seiner Schlange im Milchmeer, die himmlische Fußmassage seiner Gattin Lakshmi genießend.

Nicht nur den Menschen schenkt die Milch ihre lebenserhaltende Qualität, auch das Tierreich erfreut sich ihrer. Egal, ob es sich um fleischfressende oder pflanzenfressende Tiere handelt, die erste Nahrung aller Säugetiere besteht aus Milch. Selbst ernsthaft kranke Reptilien und Amphibien werden, wenn sie keine andere Nahrung mehr verdauen können, mit Milch gefüttert.

Für Kinder, deren Wachstum verfrüht aufgehört hat, ist Milch ein ideales Stärkungsmittel wie auch Medizin und Nahrung. Selbst indische Ringer schätzen die Wunderkraft der Milch. Milch macht weder dick noch schwer. Milch gibt Stärke und Ausdauer, sie hält den Körper gesund und gibt der Haut einen gesunden, frischen Glanz.

Seit jeher hat sich der Mensch Gedanken gemacht, wie er gesund und lange leben kann. Dabei kam er auf die Milch, die – richtig angewendet – den Körper natürlicherweise in guter Form erhält. Joghurt heißt das Geheimnis der langlebigen Menschen des Hunsa-Stammes, deren ungewöhnliche hohe Lebenserwartung berühmt ist und von denen man weiß, daß sie selbst bis ins hohe Alter von 80 Jahren alle Freuden eines vollen Eheglücks genießen können.

Käse, Butter, Joghurt, Buttermilch und unzählige Variationen von Süßspeisen lassen sich aus Milch herstellen, wie beispielsweise Khir und Halva, und nehmen einen wichtigen Platz bei der gesunden Ernährungsweise ein.

Milch ist ein Nahrungsmittel, das unverzüglich umgewandelt wird in Samen und schnell frisches Blut erzeugt. Lebt man eine bestimmte Zeit lang einmal ausschließlich von Milch, so kommt ihre regenerierende, verjüngende Kraft im menschlichen Organismus voll zur Entfaltung. Eine solche Milch-Fastenkur wird Milch-Kalpa genannt.

Milch-Kalpa gilt als erfolgreiche natürliche Behandlungsmethode für hoffnungslos kranke Patienten. Ein berühmtes Beispiel dafür ist Mister Rockefeller. Er hatte jegliche Verdauungs- und Assimilationskraft verloren und galt als hoffnungsloser Fall. Selbst die neuzeitlichsten Heilmittel und Drogen konnten ihm nicht helfen, bis er einen Naturheilkundigen fand, unter dessen Aufsicht er eine Milchkur durchführte, die ihn völlig heilte und zu einem langen Leben verhalf.

In den Upanischaden, einem heiligen Buch der Hindus, werden Milch, Butter und Ghee mit dem Wort Tejas genannt, was übersetzt soviel wie Licht, Strahlen, Schein, Glanz oder Feuer bedeutet.

Das Schöne an der Milch ist, daß sie Körper und Geist gleichermaßen beeinflußt. Frische Vollmilch ist ein ausgesprochen sattvisches Nahrungsmittel und gibt dem Körper äußere und innere Kraft – körperliche und geistige Stärke. Sie hilft dem Wachstum und der Entwicklung des menschlichen Organismus, verbessert die Sicht, wirkt regenerierend und gibt der Haut einen gesunden Glanz.

Frühzeitiges Altern läßt sich einfach kurieren, wenn Milch ein Hauptnahrungsmittel der Kost bildet, oder indem Milch für eine gewisse Zeitdauer als ausschließliches Nahrungsmittel dient und somit im Körper bewirkt, daß er sich von selbst regeneriert. Doch nicht nur bei Alterserscheinungen, auch bereits alten Menschen kann Milch helfen, alle Anfälligkeiten, die das Alter natürlicherweise mit sich bringt, fernzuhalten. Es gibt Fälle von achtzig Jahre alten Menschen, die an Gicht, chronischer Verstopfung und Appetitlosigkeit litten und durch Milch geheilt wurden, die bei der Diät das Hauptnahrungsmittel bildete.

Regelmäßiger Milchgenuß aktiviert und belebt einen müden, gealterten Organismus. Einer der Hauptgründe für frühzeitiges

Altern sind Ablagerungen in den Darmwänden, die den Assimilationsprozeß lähmen. Organe des Körpers, die mangelhaft mit Nährstoffen versorgt werden, altern schneller. Das geschieht, wenn vorverdautes Nahrungsmaterial nicht ordentlich assimiliert werden kann. Mit der Beseitigung der Abfallprodukte aus den Darmwänden wird eine ausreichende Nährstoffzufuhr zu den Organen erleichtert, was das Problem vorzeitigen Alterns verhindert.

Milch reinigt den gesamten Verdauungstrakt. Sie wirkt entgiftend, entfernt Abfallprodukte aus Magen und Darm und führt dem Blut bereits verdautes und umgewandeltes Nährstoffmaterial zu. Die Hauptorgane des Verdauungssystems sind Mund, Magen und kleine Därme. Milch enthält Kalzium. Kalzium ist wichtig für die Gesundheit der Zähne, die wiederum eine wichtige Aufgabe beim sorgfältigen Kauen der Nahrung haben. Die basische Natur der Milch unterstützt den Vorverdauungsprozeß im Magen und reinigt die Därme, in denen der Assimilationsprozeß geschieht. Ein ordentliches und gesundes Verdauungssystem bewirkt auch ein richtig funktionierendes Blutkreislaufsystem und dieses wirkt sich wiederum positiv auf das Nervensystem aus. Alle drei Systeme zusammen regulieren den menschlichen Organismus und Milch wirkt wohltuend und ordnend auf das gesamte menschliche System.

In der »Gita«, einem heiligen Buch der Hindus, steht geschrieben, daß sattvische Kost ein langes Leben garantiert; ein Leben voller Körperkraft – bis hin zum letzten Atemzug. Sattvische Kost heißt, daß die Nahrung leicht verdauliche Nährsubstanzen enthält. Frische Vollmilch wird diesem Anspruch gerecht. Frischgepreßte Fruchtsäfte, die ebenfalls sattvisch sind, und Milch und Honig gelten als vollwertige Nahrungsmittel.

Milch als Heilmittel

Im alten Indien sprachen die Medizinkundigen der Milch große Heilkraft zu. Muttermilch wirkt wie ein Zaubertrank auf den neugeborenen Organismus und frische Kuhmilch gilt als vollwertige Kost. Tatsächlich ist Milch ein göttliches Getränk und die Kuh ein göttliches Tier, das Pflanzenmaterial in für uns Menschen verdauliche Nährsubstanzen umwandelt. Deshalb wird die Kuh in Indien als heilig verehrt.

Milch – als Heilmittel angewendet – muß stets ausschließlich, ohne Zusätze, verwendet werden. Dagegen kann Milch als reines Tonikum zusammen mit anderen Lebensmitteln und Arzneien eingenommen werden. Als Medizin jedoch muß sie allein genossen werden. Milch allein enthält bereits alle notwendigen Chemikalien, die der Körper zur Gesunderhaltung braucht.

Der menschliche Organismus ist seiner Natur nach ein autosynchrones System. Das heißt, unter natürlichen Voraussetzungen hat er die Kraft, sich selbst von innen heraus zu heilen. Frische Vollmilch aktiviert die körpereigene Heilkraft und regt dadurch den Heilprozeß von innen heraus an.

Milch aktiviert das Blutkreislaufsystem und unterstützt die Bildung roter und weißer Blutkörperchen, die ebenfalls Heilprozesse beschleunigen. Ursache vieler Herzkrankheiten ist mangelhafte, geblockte Blutzirkulation, wobei sich Arterien und Venen verengen.

Milch ist das einzige Lebensmittel, das einhundertundein notwendige Chemikalien und Enzyme enthält! Das Milcheiweiß ist qualitativ hochwertiger als das Eiweiß, das in Fleisch und Eiern vorkommt. Eiweiß ist in der Milch als Albium, Lectoglobomin, Cosin usw. enthalten. Regelmäßiger Milchgenuß gibt dem Körper genügend Eiweiß, um dem täglichen Verschleiß an Gewebe entgegenzuwirken. Milcheiweiß enthält genügend Aminosäuren, die für Gehirnfunktionen und Nervensystem notwendig sind.

Wie bereits erwähnt, muß Milch als Medizin alleine und ohne jegliche Zusätze genossen werden, andernfalls dient sie lediglich als Stärkungsmittel und zur Reinigung des Körpers.

Milch enthält leicht lösliche Stärke in Form von Milchzucker – daher ihre natürliche Süße. Dieser natürliche Süßstoff der Milch ist allerdings nur in geringen Mengen vorhanden, weshalb der Milch zusätzlich noch andere Süßstoffe, wie beispielsweise Honig oder Datteln, zugefügt werden können. Milchzucker erzeugt Wärme, ist leicht löslich, gut verdaulich und verleiht Kraft und Vitalität.

Sobald die Milch den Magen verläßt, aktiviert sie die Gedärme, befreit diese von Giften und von Ablagerungen in den Darmwänden. Dadurch werden Appetit und Verdauungsfeuer angeregt.

Der Fettgehalt der Milch beträgt etwa vier Prozent. Milchfette sind leicht verdaulich und können vom System gut absorbiert werden; sie liefern Wärme und Energie. Laut alter indischer medizinischer Schriften gibt Milch Energie, die der Organismus direkt verwerten kann. Das Fett ersetzt verbrauchte Energie sofort und baut abgenutzte Gewebe und Fasern neu auf.

Auch Vitamine sind im ausgewogenen Verhältnis in der Milch vorhanden. Die Vitamine A und D kommen in ihrem Fettgehalt vor und sind somit auch in Butter und Ghee zu finden.

Mineralstoffe und Salze haben eine wichtige Funktion im menschlichen Organismus. Einige von ihnen helfen beim Knochenaufbau, andere beim Aufbau von Geweben und Fasern. Einer der wichtigsten Mineralstoffe ist Kalzium. Es hat, wie auch andere elektrisch geladene Teilchen, im Körper einen bedeutenden Einfluß auf die Funktionen des Nervensystems. Es ist notwenig für die Übermittlung von Nervenimpulsen. Hundert Gramm frische Kuhmilch enthalten etwa 1,2 g Kalzium. Ein halber Liter frische Kuhmilch deckt bereits den Mindest-Kalzium-Tagesbedarf. Milch enthält außerdem Phosphor und Eisen. Beide sind für Blut und Augen von Bedeutung. Andere Mineralstoffe der Milch sind Blei, Titanium, Zinn, Chrom, Kupfer, Zink und dergleichen mehr. Muttermilch enthält sogar Spuren verdaulichen Silbers. Der Wassergehalt der Milch unterstützt die Verwertung von Eisen, Jod und anderen Mineralstoffen.

Bei Vergiftungserscheinungen im Körper wirkt Milch neutralisierend und stärkt die Drüsen. Die verdauungsfördernden Säfte und Nährstoffe der Milch unterstützen die Bildung von Abwehrkräften gegen Tuberkulosebazillen und Lepra-Erreger. Ihr harntreibender Effekt reinigt Nieren und Harntrakt. Wie bereits erwähnt, ist Milch ein leichtes sattvisches Lebensmittel, das auch stuhlbildend wirkt.

Laut Charak ist Milch wohlschmeckend, kühlend, leicht, ölig, mäßig dick, sattvisch, bindend und nährend. Am wertvollsten ist die frisch gemolkene, noch warme Milch. Generell beseitigt Milch

Blähungen, gibt Vitalität, heilt Blutarmut und Gelbsucht, wirkt fleischbildend und heilt Magersucht. Milch vermehrt Ojas, den gesunden Glanz der Haut. Sie reduziert übermäßige Galle (Pitta), beseitigt brennende Empfindungen an Händen, Füßen oder Augen und am gesamten Körper, sie reinigt das Blut, bildet Samen, aktiviert das Verdauungsfeuer, beseitigt Erschöpfung und wirkt ganz allgemein als Tonikum. Sie ist ein ideales Lebensmittel für kranke und gesunde Menschen und garantiert Gesundheit und ein langes Leben. Milch ist Nektar für Denker, wie auch für körperlich arbeitende Menschen, für Hungernde und für Menschen, die sich sexuell verausgaben.

Je länger Milch gekocht wird, desto konzentrierter und kraftvoller wird ihr Gehalt. Nachteilig ist dabei nur, daß sie schwerer verdaulich wird.

Am wertvollsten ist die Milch einer Kuh, die gekalbt hat. Allerdings sollte sie erst 21 Tage nach der Kalbung getrunken werden, da sie sonst sehr schwer und schleimbildend ist. Nach einem Zeitraum von drei bis vier Monaten wird die Milch einer solchen Kuh abermals schwer und schleimbildend und ruft mitunter brennende Empfindungen hervor. Die Milch der Mutterkuh ist vom 21. Tag an bis zum vierten Monat nach der Kalbung besonders wohlschmeckend und angenehm, ölend und kräftigend. Sie vermehrt Ojas und fördert Intelligenz, Intuition und Aufnahmebereitschaft des Geistes. Sie stärkt die Zeugungskraft und verlängert das Leben.

In der ayurvedischen Wissenschaft werden die Kühe nach der Farbe ihres Fells und nach dem Gebiet, aus dem sie stammen, klassifiziert und die unterschiedlichen Eigenschaften ihrer Milch beschrieben. Ebenso werden die unterschiedlichen Eigenschaften der Milch von Wasserbüffeln, Schafen, Pferden, Ziegen, Kamelen und Elefanten, wie auch die der Muttermilch, ausführlich beschrieben.

Allgemein wird die Milch einer schwarzen Kuh hoch geschätzt und empfohlen, vor allem, wenn sie noch warm vom Melken ist. Diese Milch wirkt wie Nektar und heilt Blähungen, Schleim- und Gallebeschwerden (Vayu und Pitta), Übersäuerung, Vergiftungen, brennende Empfindungen, Depressionen, Herzkrankheiten, Magenbeschwerden, Nierenstörungen, Beschwerden im Harntrakt,

Asthma, seelische Störungen, Schmerzen, Gelbsucht, Tuberkulose, Blutarmut, Fehlgeburten, Krankheiten der Gebärmutter, des Brustbereichs und Streß.

Die Milch von gefleckten braunen oder roten Kühen heilt Krankheiten, die durch Störungen der Galle (Pitta) entstanden sind. Milch einer gelben Kuh fördert Husten.

Milch einer Kuh, deren Kalb tot ist, erzeugt Schleim und Gase und regt die Galle an (erzeugt Kapha, Vayu und Pitta).

Milch einer Kuh, die ihr Kalb nach vier Monaten nicht mehr säugt, ist gehaltvoll und stärkend, jedoch schwer verdaulich.

Milch einer jungen Kuh ist süß wie ein Elixier und heilt Krankheiten, die durch Störungen von Wind, Galle und Schleim (Vayu, Pitta und Kapha) entstanden sind.

Milch einer alten oder einer über drei Monate schwangeren Kuh vermehrt Galle (Pitta), wirkt austrocknend und schlecht auf die Kehle.

Drei Stunden nach dem Melken wird Milch, die ungekocht aufbewahrt wird, schwer verdaulich und produziert mehr Blähungen, Schleim und Galle (Vayu, Kapha und Pitta).

Heiße Milch heilt Krankheiten, die durch Schleim und Galle (Kapha und Pitta) entstanden sind.

Kalte Milch gibt Kraft, erzeugt jedoch mehr Schleim (Kapha), ist schwer verdaulich und sogar leicht verstopfend.

Ziegenmilch ist leicht verdaulich. Ihr Zucker- und Fettgehalt ist geringer als bei der Kuhmilch. Ziegenmilch heilt Nieren- und Blasenkrankheiten, vor allem jene, bei denen sich der Urin tief gelb oder rötlich verfärbt. Bei Fieber, schwachem Verdauungsfeuer, Husten, Erkältung, Tuberkulose, kann Ziegenmilch als Lebensmittel und als Medizin verwendet werden.

Schafsmilch ist salzig im Geschmack, ihr Fettgehalt ist sehr gering. Auch sie heilt Nieren- und Blasenkrankheiten. Sie verdickt den Samen, fördert die Samenproduktion und wirkt aphrodisierend.

Kamelmilch ist sauer und kann ungekocht nicht aufbewahrt werden. Sie heilt Tuberkulose, Lungenentzündung, Hautkrankheiten, Blasenkrankheiten und Störungen, die durch Schleim hervorgerufen werden.

Elefantenmilch ist schwer verdaulich und ölig, aber in höchstem

Maße kraftspendend. Sie steigert, sofern sie über einen längeren Zeitraum regelmäßig genossen wird, die Sensibilität und die Zeugungskraft. Sie verleiht die Kraft, den Samenerguß während der sexuellen Vereinigung zu verzögern. Äußerlich angewandt kann sie Augenkrankheiten heilen.

Eselsmilch wirkt kühlend, ist leicht und ölend. Sie unterstützt die Heilung von Fieberkrankheiten, Syphilis, Brustfellentzündungen und aller Arten von Krankheiten des Brustbereichs.

Pferdemilch ist eine ausgezeichnete Medizin gegen Geisteskrankheiten, Schizophrenität, besonders wenn der Wahnsinn durch übermäßige Hitze bedingt ist. Hilft auch gegen Hysterie.

Krankheiten, die mit Milch geheilt werden können

Krankheiten werden nicht nur durch Infektionsherde und Viren ausgelöst. Die Ansammlung von Giftstoffen im Organismus, eine unregelmäßige Lebensweise gegen die Gesetze der Natur, falsche Ernährung, alte oder verdorbene Lebensmittel, falsche Gedanken, eine ungesunde Lebensatmosphäre, ständige Unterdrückung von Bedürfnissen und Wünschen, zu wenig Bewegung und dergleichen mehr sind einige von zahlreichen Gründen, die den Organismus anfällig für Krankheiten machen.

Unser Körper ist ein autosynchrones System und sobald die Körperchemie sich verunreinigt fühlt, muß sie sich auf irgendeine Weise wieder reinigen. Sein natürliches Bedürfnis nach Reinigung äußert der Körper durch Krankheit.

Verstopfung und zu schwache Verdauung sind Hauptursachen für Krankheiten.

Gicht, Asthma, Fettleibigkeit, Nervosität, Nieren- und Blasenkrankheiten, Impotenz, schwaches Verdauungsfeuer, Tuberkulose, sämtliche Frauenbeschwerden, Lähmung, alle Kinderkrankheiten, Blutarmut, Senilität, schlaffe, faltige und glanzlose Haut, Erregungszustände, Feigheit, Angst, Husten und Erkältungskrankheiten können durch Milch geheilt werden. Milch kann als Lebensmittel und als Medizin – beim ausschließlichen Fasten mit Milch – verwendet werden.

Milch hilft generell bei allen Nervenleiden, wie Neurosen, Kopfschmerzen, Schlaflosigkeit, Nervosität, Anschwellen von Händen und Füßen, sowie bei harten und unelastischen Muskeln und Nerven und bei Pessimismus.

Milch heilt Magenkrankheiten, Magen- und Darmgeschwüre, Übersäuerung, Trägheit, Verlagerungen des Bauches, chronische Verstopfung, Ruhr, Leberkrankheiten, alle Nieren- und Blasenkrankheiten, Nieren- und Gallensteine, chronische Amöbenruhr, Diabetes, Nierenschwellung, Impotenz, Mangel an Vitalität und Zeugungskraft, Menstruationsbeschwerden aller Art, sämtliche Hautkrankheiten, einschließlich Lepra, Akne, Furunkel, aufgerauhte oder faltige Haut, Haarausfall, alle Arten von Frauenkrankheiten, sämtliche nachgeburtlichen Beschwerden, Begleiterscheinungen bei Fehlgeburten, allgemeine Schwäche und Blutarmut.

Viele dieser Krankheiten können durch eine reinigende Milch-Fastenkur beseitigt werden. Für schwache Menschen ist diese Kur jedoch nicht geeignet, sowie für Menschen, die an einer Geschlechtskrankheit leiden, ebenso für alte, gebrechliche Menschen und Menschen mit chronischem Leiden und vor allem frisch Operierte sollten Milch-Fastenkuren bis zu mindestens fünf Wochen nach der Operation vermeiden.

Wer immer aber in der Lage ist, für mehr als drei Wochen ausschließlich von frischer Vollmilch zu leben, dem sei eine derartige Reinigung wärmstens empfohlen.

Die ayurwedische Medizin empfiehlt das Fasten mit Milch bei folgenden Krankheiten: alle Arten von Gasen, Übersäuerung, Magenbeschwerden, Fieber, brennende Empfindungen, chronische Verstopfung, Husten, Asthma, Gicht, Geschwüre, Impotenz, Blasenleiden, neuralgische Schmerzen, Hysterie und Amöbenruhr.

Wer nicht in der glücklichen Lage ist, frische Vollmilch direkt von der Kuh zu beziehen, muß notgedrungenermaßen mit abgepackter Milch zufrieden sein. Durch Zufügen einer Prise frischgemahlenen schwarzen Pfeffers werden die Nachteile der abgepackten Milch teilweise aufgehoben. Schwarzer Pfeffer gibt der Milch Frische.

Joghurt

Joghurt ist kalt und sauer. Er liefert Eiweiß, Kalzium und reichlich Vitamin B und wirkt allgemein stärkend auf das System. Joghurt ist leichter verdaulich als frische Vollmilch. Er enthält wertvolle Bakterien, die dem Darm bei der Assimilation verschiedener Nährstoffe helfen. Frischer, hausgemachter Joghurt enthält die meisten der Nährstoffe, die für das menschliche System notwendig sind. Er sollte ein fester Bestandteil der Diät im Sommer sein. Joghurt, der aus frischer Vollmilch bereitet wurde, verfügt über einen hervorragenden Nährwert und liefert reinste Energie. Doch selbst der Joghurt, der aus pasteurisierter Milch zu Hause hergestellt wurde, ist jenem Joghurt vorzuziehen, der in normalen Läden erhältlich ist und größtenteils alt ist und aus entrahmter Milch oder Trockenmilcherzeugnissen mit Zusatz von Bindemitteln zubereitet wurde.

Joghurt kann ganz einfach blank – ohne Zutaten – gegessen werden, oder aber die Basis von Fruchtsalaten und Raitas bilden. Auch herrliche Getränke und Süßspeisen lassen sich aus diesem relativ vollwertigen Nahrungsmittel bereiten.

GEWÜRZE

Anis

Anis wächst in allen Gebieten Indiens in großen Mengen. Er wird allgemein als Gewürz für Speisen verwendet, aber auch anderweitig gegessen. Häufig bekommt man nach einem indischen Essen eine Mischung gereicht, die den Geschmack im Munde nach dem Essen verändert und den Mund erfrischt. Diese Mischung besteht aus Anissamen, grünen Kardamomsamen, Koriandersamen und Kokosnußraspeln.

Anis ist von leicht brauner, grünlich-brauner oder gelblich-brauner Farbe. Er ist süß und scharf-beißend im Geschmack, scharf-beißend im Nachverdauungsprozeß und leicht bitter-heiß zu Beginn. Anis vermehrt den Samen sowie das Verdauungsfeuer, ist appetitanregend, verdauungsfördernd und abführend, er heilt Krankheiten, die durch Winde verursacht wurden, er senkt Fieber, ist schmerzstillend, heilt brennende Empfindungen des Ausscheidungskanals und Magens, ist durststillend, heilt Augenkrankheiten und Wunden und beseitigt Schleim aus den Gedärmen. Anis ist wurmvernichtend und gut für die Milz. Er heilt Krankheiten, die durch die Galle (Pitta) verursacht wurden und hilft bei Erbrechen.

Laut griechischem Medizinsystem vermehren und verbessern Anissamen Augenlicht und Sehvermögen. Die Samen vermehren die Muttermilch und sollten deshalb von stillenden Frauen häufig verwendet werden. Anissamen wirken auch entwässernd und stimulierend. Eine Paste aus Anissamen heilt, auf den Magen eines Kindes aufgetragen, alle Darmleiden.

Anissamen haben eine wohltuende Wirkung bei Brustkrankheiten, Milzkrankheiten, Nierenbeschwerden, Schluckauf, Asthma und Schwellungen.

Anissamen regulieren alle brennenden Empfindungen im Harntrakt, da sie entwässern, reinigen sie Blockaden. In Fällen von

Durchfall, der durch Schleim (Kapha) verursacht wurde, sowie bei Verdauungsbeschwerden oder Erbrechen, helfen sie hervorragend. Bei trockenem Husten wird empfohlen, Anissamen auszusaugen, was auch Krankheiten im Mundbereich heilt.

Als schmerzstillendes Mittel beruhigt Anis Schmerzen der Gedärme, die durch Schleim entstanden sind. In Indien werden während des Sommers Anissamen gerne und häufig in Getränken verwendet. Es empfiehlt sich, Anis vor allem im Sommer als Gewürz beim Kochen zu gebrauchen und für alle Nahrungsmittel, die schleim- oder gaserzeugend wirken.

Der Gebrauch von Anissamen nach den Mahlzeiten, um den Mund zu erfrischen und den Verdauungsprozeß zu unterstützen, ist in allen Jahreszeiten zu empfehlen!

Asafötida – Hing

Asafötida ist eine milchige Pflanzenessenz, die, sobald sie sich verfestigt, eine gummi- bzw. harzartige Konsistenz annimmt. Asafötidapflanzen wachsen zahlreich im Iran (Persien). Das qualitativ beste Asafötida hat eine schwärzlich-braune Farbe und einen überaus intensiven und strengen Geruch, ist bitter, heiß im Geschmack und erzeugt ein leichtes Brennen, wenn man es auf die Haut aufträgt. Asafötida, das diese Eigenschaften besitzt, sollte beim Kochen verwendet werden; es ist in Indien unter dem Namen »Heera Hing« bekannt.

Laut Ayurveda ist Asafötida scharf-beißend, bitter, heiß und leicht ölig; es erzeugt mehr Galle, wirkt abführend, appetitanregend, verdauungsfördernd, vermehrt das Magenfeuer, ist schmerzstillend (heilt Schmerzen in der Magengegend), festigt den Stuhl, hilft bei trockenem Husten, Asthma, Herzbeschwerden, Verdauungsschwierigkeiten und Würmern in den Eingeweiden.

Asafötida reguliert den Menstruationszyklus der Frau, stärkt den Körper und hilft bei Lähmungserscheinungen, Taubheit, Schwindelgefühl und bei Erstickungsanfällen von Kindern, bei Rheumatismus, Augenschmerzen, Halsbeschwerden sowie bei Leber- und Milzbeschwerden.

Nach dem griechischen System stärkt Asafötida das Gehirn, die Leber und das Nervensystem. Es hilft dem Organismus, sich den jahreszeitlichen Wechseln anzupassen, heilt alle Arten von Schwellungen und vermehrt die Gedächtniskraft. Asafötida wirkt wurmvernichtend und wird bei Krankheiten angewendet, die durch Schleim (Kapha) und Körpergase (Vayu) verursacht wurden.

Asafötida enthält essentielles Öl, das rasch verfliegt und durch die Poren der Haut dringt, dadurch befreit es den Körper von Giftstoffen und vernichtet Bazillen. Das essentielle Öl stimuliert den Bereich, auf den es aufgetragen wird und befreit das System von Giftstoffen, die mit Hilfe von Schleim, Schweiß und Urin ausgeschieden werden; so reinigt und stärkt es das System zur gleichen Zeit. In Fällen von schwerer Bronchitis reinigt es Luftröhre und Lungen, wobei Asafötida den Schleim erst verflüssigt, dann den schlechten Geruch des Schleims nimmt und die Atemzüge reduziert, was schließlich den Husten beseitigt.

Bei nervösen Krampfzuständen mit Anzeichen von Reizbarkeit, Vergeßlichkeit, Pessimismus, Launenhaftigkeit und Traurigkeit, wird Asafötida als gutes Nervenanregungsmittel sowie als krampflösendes Mittel geschätzt. Es befreit den Patienten von den Krämpfen und verschafft ihm somit Erleichterung.

Asafötida wird sowohl von ayurvedischen Ärzten, wie auch von Hakims (Ärzte, die das griechische Medizinsystem praktizieren) bei allen Arten von Herzbeschwerden angewendet, wie bei Herzklopfen oder Schmerzen im Herzbereich, bei Angina Pectoris, bei Herzschwäche und dergleichen mehr.

Wird Asafötida zur Zeit der Entbindung gegeben, erleichtert dies den Geburtsvorgang und bewirkt die saubere und überaus wichtige Ausscheidung des Nachgeburt-Materials. Es reinigt den Bauch und wirkt schmerzstillend.

Asafötida führte auch zu erfolgreichen Ergebnissen bei der Behandlung von Lungenentzündung und Globus Hysteria. In Ceylon wird Asafötida in Kokosnußwasser gekocht und zur Heilung von Schlangen- und Skorpionbissen verwendet.

Asafötida wird als Küchenaroma und -gewürz empfohlen und sollte vor allem für jene Gerichte verwendet werden, die besonders viel Schleim und Gase erzeugen.

Bockshornklee – Methi

Bereits im alten Indien verwendete man den Bockshornklee nicht nur als Gewürz, sondern auch als Heilmittel. Bockshornklee ist heiß und trocken und heilt Luft und Schleim. Er verhindert frühzeitiges Ergrauen der Haare, wirkt leicht abführend, appetitanregend, verdauungsfördernd, windtreibend und damit blähungshemmend und schmerzstillend. Er heilt Magersucht, allgemeine Entkräftigung und hilft selbst bei Tuberkulose. Man verwendet seine Samen und Blätter als Gewürz für Gemüse und Salate, wobei er positiv auf Lungen und Eingeweide wirkt, sowie gegen Stuhlträgheit und Hämorrhoiden.

Er heilt Verstopfung, macht den Stuhl geschmeidig und hilft gegen Leber- und Milzbeschwerden, auch vermehrt er das Verdauungsfeuer.

Bockshornkleeblätter allein ergeben schon ein hervorragendes Gemüsegericht. Sie können sowohl frisch, wie auch getrocknet, verwendet werden. In Nordindien ist es eine Tradition, die Bockshornkleeblätter an der Sonne zu trocknen und als Gewürz für Kartoffeln, Blumenkohl, Kraut, weiße Rüben, wie auch für zahlreiche Dal- und Bohnengerichte zu verwenden. Die Blätter entfalten ihren aromatischen Geschmack, wenn sie in gereinigter Butter (Ghee) oder reinem Pflanzenöl, vor allem Senföl, zubereitet werden.

Bockshornklee ist stark Hitze erzeugend und deshalb ein ideales Nahrungsmittel für kaltes Klima. Menschen, die häufig frieren, an kalter Nase, kalten Füßen oder Händen leiden, sollten häufig und reichlich Bockshornkleesamen und -blätter – sowohl frisch als auch getrocknet – verwenden.
Die Bockshornkleesamen können gekeimt und während der Wintermonate als Keime gegessen werden.

Aus den Samen bereitetes Gurgelwasser hilft gegen Hals- und Mandelentzündungen und Diphterie.

Die Haut wird geschmeidig und erhält einen gesunden Glanz, verwendet man Bockshornkleesamen pulverisiert in Form einer Paste, zusammen mit etwas Kichererbsenmehl, Senföl und Gelbwurzpulver, die auf die Haut wie eine Maske aufgetragen wird.

Cumin – Jeera

Cuminsamen, bei uns auch Kreuzkümmel genannt, sind als Gewürz in aller Welt bekannt. Laut Ayurveda haben Cuminsamen eine kalte Wirkung, sie sind appetitanregend, aromatisch, leicht, trocken und von leicht scharf-beißendem und süßem Geschmack. Sie vermehren das Magenfeuer, sind verdauungsfördernd, wirken entgiftend und sind wohltuend für die Augen. Sie haben eine allgemein beruhigende und wohltuende Wirkung, sind gut fürs Herz, von leicht heißer Natur; sie stärken und reinigen die Gebärmutter, senken Fieber, heilen Tuberkulose, Mittelohrentzündung und Krankheiten, die durch den Humor des Windes verursacht wurden. Sie helfen bei Vergiftungen, Aussatz, schlechtem Mundgeschmack, sind blutreinigend, wurmtötend und heilen Hämorrhoiden; sie wirken schmerzstillend, stimulierend und entwässernd.

Cuminsamen erzeugen mehr Milch in der Brust der stillenden Frau.

Cuminsamen heilen Hautausschlag, werden sie in Wasser ausgekocht und dann dem Bade- oder Waschwasser zugefügt; dieses Bad sollte mehrmals wiederholt werden.

Cuminsamen heilen Geschlechtskrankheiten und helfen bei beschwerlichem Harnlassen. Auch heilen sie Nieren- und Blasensteine und helfen bei allen Arten von Krankheiten des Genitalbereichs.

Von akuten Schmerzen der Hämorrhoiden befreit eine Paste aus Cuminsamen, die unmittelbar im Anusbereich aufgetragen wird. Auch die orale Einnahme von Cuminsamen mit zerstoßenem Kandiszucker hilft gegen Hämorrhoiden.

Cumin wird besonders heranwachsenden Kindern empfohlen.

Nach dem griechischen Medizinsystem ist Cumin heiß und trokken im zweiten Stadium des Verdauungsprozesses, er befreit von Gasen im Magen, stärkt Leber und Därme, kräftigt die Nieren (er erzeugt in ihnen Hitze und heilt Nierenschwellungen). Cumin reinigt den Schleim (Kapha), kuriert Verstopfung und steigert die Sexualkraft.

Eine Paste aus Cumin heilt Augenentzündungen und bricht Blasen- und Nierensteine auf. Cumin mit Essig hilft gegen Schluckauf.

Cumin vernichtet Würmer im Magen, besänftigt die Galle (Pitta) und hilft gegen Übelkeit während der Schwangerschaft.

Halva – zubereitet mit weißen Cuminsamen (Kreuzkümmel) – vermehrt die Milch in der Brust der stillenden Mutter.

Cuminöl hilft gegen Skorpionbisse. Geröstete Cuminsamen mit Yoghurt helfen gegen Durchfall. Das Auftragen einer Paste aus Cuminsamen verringert jegliche Schwellung der Hoden. Sie enthalten essentielle Öle und helfen schnell und direkt, sowohl äußerlich wie innerlich angewendet.

Cuminsamen sind ihrer Natur nach heiß und gelten als Verjüngungsmittel.

Schwarzer Cumin

Diese Cuminart wächst in Kashmir, in den Himalayas, Afghanistan und im Iran.

Laut Ayurveda ist der schwarze Cumin heiß, scharf-beißend, wohltuend für die Augen, appetitanregend, aromatisch, trocken, verdauungsfördernd; er heilt Fieber, Husten, Schwellungen, Kopfbeschwerden, Aussatz.

Der schwarze Cumin besitzt alle Qualitäten der bereits beschriebenen weißen Cuminsamen, doch ist er heißer und trockener. Er erzeugt Hitze im Körper, vermehrt das Hungergefühl, wirkt stärker entwässernd und befreit von Zahnschmerzen, kocht man seine Samen in Wasser aus und nimmt dieses für Mundspülungen.

Ein Getränk aus schwarzen Cuminsamen, Honig und Wasser heilt Schwellungen der Gebärmutter.

Der Dampf schwarzer Cuminsamen befreit von Hämorrhoiden; ihr Rauch heilt Erkältungskrankheiten und Beschwerden der Nebenhöhlen. Auflagen mit Cuminsamen helfen entzündeten Hämorrhoiden.

Schwarze Cuminsamen werden auch verwendet zur Heilung von Hysterie und Kolikschmerzen.

Getrocknete Granatapfelsamen – Anar Danar

Granatapfelsamen steigern das Verdauungsfeuer des Magens, wirken leicht stopfend, sind appetitanregend und sollten als Gewürz für alle jene Speisen verwendet werden, die einen säuerlichen Geschmack erhalten sollen.

Granatapfelsamen sollten jedoch nicht öfters als ein-, zweimal pro Woche gebraucht werden.

Getrocknete Granatapfelsamen sind ein hervorragendes Hausmittel gegen Brechreiz und Schluckauf. Auch für schwangere Frauen, die unter Brechreiz, Ruhelosigkeit im Herzbereich, Sodbrennen oder Verdauungsbeschwerden leiden. Etwa 100 g Granatapfelsamen sollten für etwa zwei Stunden in Wasser eingeweicht werden, danach werden die Samen zwischen den Händen gerieben, das Einweichwasser wird abgeseiht und von der Schwangeren langsam und schluckweise getrunken. Innerhalb von 5 Minuten sind die Beschwerden verschwunden. Das ganze sollte drei- bis viermal wiederholt werden.

Ingwer – Adrak

Ingwer ist heiß und trocken und scharf-beißend im Geschmack. Er ist als frische oder getrocknete Wurzel und in pulverisierter Form erhältlich. Alle drei Arten sind empfehlenswert, jedoch ist frischer Ingwer stets vorzuziehen.

Fünf Gramm frischer Ingwer vor den Mahlzeiten mit einer Prise Salz genommen, hilft der Verdauung aller Arten von Speisen und regt den Appetit an. Je nachdem wieviel Ingwer genommen wird, kann er entweder abführend oder verstopfend wirken. Ißt man mehr als 10 g Ingwer während einer Mahlzeit, verursacht dies Verstopfung; dagegen befreien 10 g Ingwer und weniger als 10 g von Verstopfung. Ingwer festigt den Stuhl und reinigt Magen und Eingeweide sowie den Brustbereich, den er von Schleim befreit.

Bei Verschleimung oder Husten mit weißem oder gelbem Schleimauswurf helfen 5 g Ingwersaft (aus frisch gepreßter Ingwerwurzel) mit 15 g Honig vermischt. Das gleiche Rezept hilft in

Fällen von Atemnot, die durch einen verschleimten Brustbereich verursacht wurde.

Ingwer-Tee, aus frischen Ingwerscheiben und -schalen zubereitet, hilft gegen Fieber- und Erkältungskrankheiten. Ruhrpatienten sollten 10 g Ingwerpulver mit etwas gesalzener Butter und einem kleinen Stück Toastbrot vor der Mahlzeit zu sich nehmen – wahlweise kann Honig verwendet werden. Ingwer wird als Gewürz verwendet für alle Bohnenarten, Dals (Hülsenfrüchte), Erbsen, weiße Rüben, Blumenkohl, Rotkraut, Kohlrabi, Sojabohnen und Sojamark, rote Paprika, Auberginen, Broccoli, Rosenkohl usw.

Die frische Ingwerwurzel selbst ist ein vorzüglicher Pickle, der appetitanregend und als Mittel gegen Verstopfung, Verdauungsbeschwerden und Appetitlosigkeit wirkt.

Im alten Indien herrschte die Tradition, daß ein Brahmane (Angehöriger der Priesterkaste), der aus irgendeinem Grunde seine Mahlzeit im Hause eines Shudra (Angehöriger einer niederen Kaste) einnehmen mußte, fünfzehn bis dreißig Minuten vor dem Essen 10 g frische Ingwerwurzel kauen und essen mußte, damit die Vibrationen der Nahrung eines niedrigeren Kastenmitgliedes ihn nicht störten. Andernfalls hatte er sich hinterher komplizierten Reinigungsprozessen zu unterziehen, da – wie man weiß – Nahrung ihre eigenen Vibrationen hat und unser psychisches Verhaltensmuster verändert.

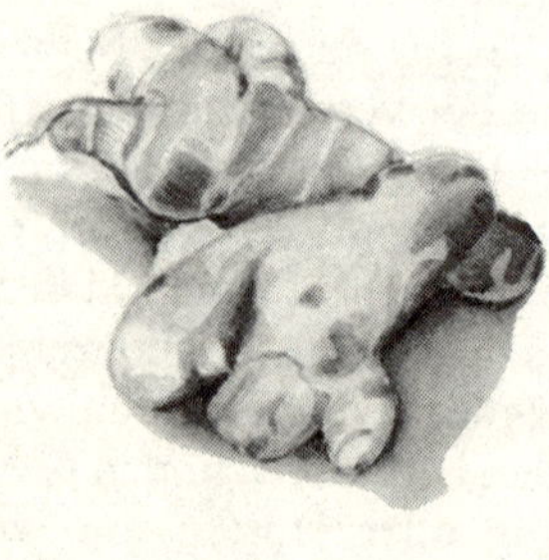

Ingwer

Kardamom – Elaichi

Kardamom zählt zu einem der bekanntesten Gewürze.

Es gibt zwei Arten von Kardamom: 1) den großen oder roten Kardamom 2) den grünen oder kleinen Kardamom.

1) Großer oder roter Kardamom

Die Bäume des roten Kardamoms wachsen in Nepal und Indien. Die Bäume werden etwa 1,20 m bis 1,50 m hoch und ihre Früchte sind etwas größer als die des grünen Kardamoms.

Laut Ayurveda ist der große oder rote Kardamom aromatisch, süß, geschmackvoll, appetitanregend, verdauungsfördernd, anregend; er mehrt das Magenfeuer, vermindert die Humoren Galle (Pitta) und Wind (Vayu), hemmt Blutsturz und Erbrechen, heilt Nieren- und Blasensteine, ist kalt, leicht, wind- und harntreibend. Der rote Kardamom heilt auch Krankheiten im Anusbereich, Schmerzen im Anus, und er hilft gegen Vergiftungen und giftige Bisse.

Laut griechischem Medizinsystem wirken die roten Kardamom-Samen herz- und leberstärkend, schlaffördernd, appetitanregend und heilen Schwellungen im Mund. Die Schalen des roten Kardamoms helfen gegen Kopfschmerzen (dafür werden sie in Wasser eingeweicht, dann zu einer Paste zermörsert und für etwa zwanzig Minuten auf die Stirne aufgetragen). Seine Samen sind auch sehr heilsam für kranke Zähne und Zahnfleisch. Das aus ihnen gewonnene Öl ist aromatisch, vermehrt das Körperfeuer, beruhigt das Herz und gilt als Anregungsmittel. Das Öl heilt Magenbeschwerden, Hustenkrankheiten, Übelkeit und Erbrechen.

Kardamomsamen und Honigmelonenkerne mit Zitronensaft, Wasser und Honig, ergeben ein Getränk, das Nieren- und Blasensteine sowie Schwierigkeiten beim Harnlassen heilt.

Kardamomsamen mit Anissamen heilen alle Magenbeschwerden. Mischt man zerstoßenen Kandiszucker zu den Samen, hilft dies gegen brennende Empfindungen im Magen und Ausscheidungskanal.

Roter Kardamom mit schwarzem Salz heilt Magenschmerzen und Mittelohrentzündung.

Mundspülungen mit Wasser, in dem Kardamomsamen solange gekocht wurden, bis sich die Wassermenge auf ¼ reduziert hat, lindern Schmerzen von Zahnfleisch und Zähnen.

Kardamomsamen beruhigen die drei Humoren Wind, Galle und Schleim, sie sind gut fürs Herz und werden als Stärkungs- und Anregungsmittel verwendet.

Kardamom zählt zur Familie der Ingwerpflanzen. Er enthält essentielles Öl und fettige Öle, die eine sehr rasche und direkte Wirkung auf das System ausüben und gegen Krämpfe und Magenübersäuerung helfen.

Die roten Kardamomsamen sind ein hervorragendes Gewürz zur Geschmackverbesserung der Speisen und werden deshalb in jeder indischen Küche verwendet.

2) Kleiner oder grüner Kardamom

Wie bereits erwähnt, zählt der Kardamom zur Familie der Ingwergewächse. Der grüne Kardamom ist ein immergrünes Gewächs von etwa 1,20 m bis 2,40 m und blüht zirka 10 bis 12 Jahre lang. Er wächst in schattigen Gebieten und gedeiht am besten im Seeklima. Seine Früchte wachsen in Büscheln.

Laut Ayurveda sind die Samen des grünen Kardamoms kalt, leicht, trocken, süß und scharf-beißend im Geschmack. Sie besitzen ein hervorragendes Aroma, das wesentlich stärker und raffinierter als das des roten Kardamoms ist.

Grüner Kardamom regt die Galle (Pitta) an und lindert Husten und den Humor des Windes (Vayu). Er erfrischt und reinigt Mund und Gemüt, heilt Hämorrhoiden, Tuberkulose, Vergiftungserscheinungen, Krankheiten der Kehle, Geschlechtskrankheiten, Nieren- und Blasensteine, Hautausschlag und hilft gegen Erbrechen jeder Art.

Grüner Kardamom wird seit altersher in Indien hoch geschätzt und geehrt. Bei Süßspeisen und Delikatessen wird er stets als Geschmackszutat verwendet. Nahezu alle ayurvedischen Medizinen, die oral verabreicht werden, enthalten grünen Kardamom, um die Einnahme geschmacklich zu erleichtern.

Nach den berühmten indischen Schriften der Ayurveda (Sushrut und Vagbhatta genannt) beseitigen Kardamomsamen Probleme des Harnlassens. Laut Bhav Prakash, einer anderen Schrift, gelten sie als Beseitiger von Hustenkrankheiten, Tuberkulose und Hämorrhoiden, weiter sind sie schleimlösend, harntreibend, aphrodisierend und helfen gegen Erbrechen.

Nach dem griechischen System sind grüne Kardamomsamen aromatisch, harn- und windtreibend, herzstärkend und stimulierend. Sie helfen gegen Kopf-, Ohren und Zahnschmerzen, Leber- und Halsbeschwerden.

Auch sind grüne Kardamomsamen verdauungsfördernd, sie helfen bei zu schwacher Verdauung, sie sind gut für den Magen und appetitanregend und helfen gegen Übelkeit. Ihr Öl gilt als Wundermittel gegen Nachtblindheit und Ohrenschmerzen (bei Nachtblindheit wird das Öl in die Augen getropft); und kann selbst Skorpionbisse heilen.

Grüner Kardamom, nach dem Essen gekaut, mit Anissamen und pulverisiertem Kandiszucker vermischt, erfrischt den Mund, hilft der Verdauung und erfreut das Herz.

So wie der rote Kardamom als Gewürz für Curries und Suppen dient, wird der grüne Kardamom vor allem zur Geschmacksverbesserung von Süßspeisen und Getränken verwendet.

Knoblauch – Leson

Knoblauch ist heiß und trocken und besitzt einen hohen Sulfurgehalt, essentielle Öle sowie die Vitamine A, B1 und B2. Knoblauch beruhigt Wind und Schleim, vermehrt Galle, bildet und reinigt das Blut, wirkt anregend und schmerzstillend, steigert den Appetit, ist verdauungsfördernd und wurmvernichtend und baut Umweltgifte im Körper schneller ab. Er befreit erfolgreich von Gasen, die sich im Magen oder Eingeweidebereich angesammelt haben. Knoblauch wirkt harntreibend und ist nützlich für die Kehle; er gilt als ausgezeichnetes Verjüngungsmittel und hat eine gute Wirkung auf die Sexualorgane.

Knoblauch hilft gegen Venenverkalkung, heilt Kreislaufstörungen, Diarrhöe, Koliken, Ruhr, Unterleibstyphus, Geschwüre, Wassersucht, Wechselfieber, Bronchitis, Asthma, Störungen, verursacht durch klimatische Wechsel, Tuberkulose, Sodbrennen und fördert den Menstruationsfluß. Knoblauch wirkt antiseptisch, beruhigend, desinfizierend und hilft gegen Zahnschmerzen. Auch schreibt man dem Knoblauch eine krebsverhütende Wirkung zu.

In Indien verwendet man Knoblauch bei allen Stichen und Bissen (vor allem bei Schlangen- oder Hundebissen), da er entgiftend wirkt. Er unterstützt Verbrennungsvorgänge im Körper und verleiht Vitalität und Zeugungskraft, er hilft dem Kreislaufsystem und somit dem Herzen, reguliert den Blutdruck, befreit von Verstopfung und heilt selbst Aussatz, er gibt den Augen Kraft und verbessert die Sicht, vermehrt die Widerstandskraft und verleiht Stärke, ist gut für das Gewebe, Fleisch, Fett und den Samen.

Knoblauch schützt vor vorzeitigen Alterserscheinungen und hat eine verjüngende Wirkung auf die Eingeweide, sofern man eine kleine Knoblauchzehe im ganzen mit etwas lauwarmem Wasser regelmäßig als Medizin jeden Morgen vor dem Frühstück zu sich nimmt. Die Verwendung des Knoblauchs im ganzen schützt vor schlechtem Geruch.

Mit Ausnahme der sauren Geschmacksrichtung besitzt der Knob lauch die restlichen fünf Rasas (seine Wurzeln sind scharfbeißend, seine Blätter bitter, die Stengel sind adstringierend und der Samen ist süß).

Knoblauch ist empfehlenswert für Wind- oder Schleim dominierte Individuen. Gallige Naturen sollten ihn dagegen meiden, wie auch Frauen während der Schwangerschaft, und in Fällen von Erbrechen sollte er ebenfalls gemieden werden.

Koriander – Dhaniya
und
Korianderblätter – Dhaniya ke Patte

Koriander wächst zahlreich in Indien. Die Pflanzen sind sehr klein und werden nur etwa bis zu 45 cm hoch. Koriander wird für Chutney's verwendet und ist eines der wichtigsten Gewürze in der Masala-Gruppe.

Laut Ayurveda besitzt Koriander einen metallischen, bitteren, scharf-beißenden und süßen Geschmack; er ist leicht, ölig, entwässernd, verdauungsfördernd, fiebersenkend, geschmacksverbessernd, appetitanregend und durststillend; er beruhigt die drei Humoren, vermehrt das Magenfeuer, hilft gegen Erbrechen, Asthma, Husten, allgemeine Schwächlichkeit und Wurmkrankheiten.

Korianderblätter sind süß, metallisch, kalt, reduzieren den Humor Galle (Pitta), senken Fieber, helfen bei Erbrechen und Augenentzündungen.

Nach dem griechischen System sind Korianderblätter kalt im ersten Stadium und trocken im nächsten Stadium. Eine Paste aus Korianderblättern heilt Entzündungen, die durch Gift verursacht wurden. Koriander wird als kalt betrachtet, da seine heiße Qualität von der Körperhitze vernichtet wird und nur die kalte Wirkung bestehen bleibt; so wird seine Wirkung vom Körper nicht als heißes, sondern als kühlendes Gewürz registriert. Die äußere Anwendung von Koriandersamen- oder Korianderblätterpaste erzeugt zwar die Empfindung von Hitze, doch tatsächlich kühlt Koriander unmittelbar brennende Empfindungen ab, besonders, wenn der Saft der Korianderblätter mit Milch oder Rosenwasser vermischt wird. Laut Sheikh besitzen Korianderblätter mehr kalte als heiße Einheiten; sie sind nur kalt, solange sie grün sind, nachdem die Blätter oder Samen trocken werden, nimmt die kalte Qualität ab.

Schwellungen klingen ab, wenn der Korianderblättersaft zusammen mit Essig auf das betreffende Gebiet aufgetragen wird. Auch stoppt der Saft sofort Nasenblutungen, die durch ein Übermaß an Hitze im Körper verursacht wurden. Korianderblättersaft, vermischt mit der Milch einer Mutter, die ein Mädchen geboren hat, heilt akute Augenschmerzen.

Koriandersamen stärken den Körper und haben eine wohltuende Wirkung auf das Herz. Sie heilen Wahnsinn, der durch übermäßige Körperhitze verursacht wurde sowie Epilepsie und Angst. Sie wirken stimulierend, krampflösend und heilen Spermatoria (nächtlichen Samenerguß).

Sowohl die Koriandersamen wie auch die -blätter enthalten essentielle Öle, tannische Substanzen und Vitamin C.

Eine Paste aus Koriandersamen bereitet, hilft gegen Rheumatismus und Artikulationsschwierigkeiten. Koriander entfernt ein Übermaß an Schleim im Brustbereich, kuriert Gase und entkrampft. Pulverisierte Koriandersamen, vermischt mit ebenfalls pulverisiertem Kandiszucker, heilen Kolikschmerzen.

Koriander, der über Nacht gut in Wasser eingeweicht wurde und dessen Wasser getrunken wird, heilt Hämorrhoiden, Nervenschmerzen und stillt Blut im Stuhl.

Ein Gramm Korianderpulver mit einem Schluck Alkohol guter Qualität genommen, reinigt den Magen von Würmern.

Die übertriebene Verwendung von Koriander oder seinen Blättern vermindert die Sexualkraft des Mannes und beendet die Menstruation bei Frauen. Ebenso ist ein Zuviel an Koriander und Korianderblättern für Asthmapatienten gefährlich.

Lorbeerblätter – Tej Pata

Der Lorbeerbaum wächst in den Himalayas in einer Höhe von 1000 bis 2500 Metern und erreicht eine Höhe von etwa 6 bis 12 Metern. Seine Rinde ist gelblich oder braun, die Zweige wachsen rechtwinklig, sie sind biegsam und von brauner Farbe. Die Blüten sind weiß. Die Früchte sind etwa 1,5 cm lang und werden, nachdem sie reif sind, schwarz. Im Mai trägt der Baum neue Blätter, ihre Farbe reicht von rosa bis violett-rosa; sie dienen mitunter zur Farbgewinnung und Herstellung von Färbemitteln.

Lorbeerblätter sind bitter, heiß und süß im Geschmack. Laut Ayurveda sind sie heiß und trocken und heilen Krankheiten, die durch den Körperwind (Vayu) verursacht wurden. Lorbeerblätter helfen ausgezeichnet bei Hautausschlag und Hautreizungen, auch heilen sie Hämorrhoiden und Krankheiten des Anus und der großen Eingeweide. Sie beruhigen alle drei Humoren, helfen bei Herzbeschwerden, sind verdauungsfördernd und appetitanregend. Sie vermitteln den Speisen ein vorzügliches Aroma und erzeugen Hunger. Lorbeerblätter gelten als hervorragendes Geschmacksmittel und nahmen deshalb einen wichtigen Platz unter den Küchengewürzen ein. Sie werden hauptsächlich für Speisen verwendet, die übermäßig stark Schleim produzieren; sie heilen Störungen, die durch die Humoren Schleim (Kapha) und Wind (Vayu) verursacht wurden. Außerdem heilen sie Verdauungsstörungen, sie sind schmerzstillend, helfen gegen Magenschmerzen, Durchfall, Krankheiten des Darmeingangs, Krankheiten, die durch einen schwachen Bauch entstehen, sowie bei allen Hustenkrankheiten.

Nach dem medizinischen System der Griechen sind Lorbeerblätter heiß und trocken im zweiten Stadium des Nachverdauungsprozesses. Sie unterstützen Prana, verlängern das Leben und heilen, wie bereits erwähnt, Störungen der drei Humoren Wind, Galle und Schleim. Lorbeerblätter reinigen die Eingeweide von Gasen, auch reinigen sie die Milch der stillenden Mutter und regulieren die Menstruation. Der Rauch von Lorbeerblättern erleichtert die Entbindung.

Sie entfernen Nierensteine und Steine der Harnblase, indem sie die Steine auflösen, damit sie ausgeschieden werden können. Sie helfen gegen üblen Mundgeruch, der durch Magenstörungen entstehen kann.

Lorbeerblätter sind empfehlenswert für Menschen, die an Gelbsucht, Leber- oder Eingeweidestörungen leiden. Sie helfen gegen Wahnsinn, der durch Angst verursacht wurde. Sie heilen Sprachfehler, wie Stottern, und verbessern die Aussprache, wenn man ein Stück Lorbeerblatt unter die Zunge legt. Lorbeerblätter werden auch bei der Behandlung von grauem Star und teilweiser Erblindung angewendet, dabei wird eine Paste aus fein pulverisierten Lorbeerblättern auf die Augen aufgetragen, was diese reinigt und die Sicht verbessert. Als Bestandteil von Zahnputzpulver kräftigen sie Zähne und Zahnfleisch. Sie haben eine wohltuende und stärkende Wirkung aufs Herz.

Lorbeerblätter enthalten essentielles Öl, Rutin, und Furocumarin; ihr Öl wird als Hautaktivator geschätzt.

Nelken – Lavang

Nelken wachsen rankenartig, wie Weingewächse, in Südindien. Die Pflanze bietet einen reizvollen Anblick und verströmt einen herrlichen Duft. Auch die Nelkenblätter sind sehr aromatisch. Nelken sind die Blütenknospen der Ranken. In Indien werden Nelken auch bei religiösen Zeremonien und im Tantra verwendet, zusammen mit Betelblättern, Betelnüssen und als Gewürz für Speisen. Ayurvedische Ärzte und Hakims verwenden Nelken in unzähligen Arzneimitteln.

Doch auch in anderen Ländern sind Nelken durchaus bekannt – sie werden bei der Parfümherstellung verwendet oder zur Geschmacksverbesserung von Spirituosen und sind Bestandteil aromatischer Badezusätze und von Zahnpflegemitteln. Nelkenöl hilft bei Erkrankungen im Bereich der Mundhöhle und befreit von Zahnschmerzen.

Laut Ayurveda sind Nelken bitter, heiß, scharf-beißend, süß, zusammenziehend, stimulierend, appetitanregend, verdauungsfördernd, verjüngend, schmerzstillend, geschmacksverbessernd, blutreinigend und durststillend; sie sind gut für die Augen, helfen gegen Erbrechen, beruhigen die drei Humoren Luft, Galle und Schleim (Vayu, Pitta und Kapha). Nelken helfen bei Husten, Koliken, Tuberkulose und einer Reihe von Krankheiten im Kopfbereich, sie beseitigen schlechten Mundgeruch, stärken das Zahnfleisch, beseitigen Zahnschmerz, Asthma und Schluckauf. Nelken sind wurmvernichtend und helfen bei Anfällen von Mittelohrerkrankungen, die durch Würmer im Magen oder in den Gedärmen verursacht wurden.

Nelken vermehren die Anzahl der weißen Blutkörperchen im Blut und stärken dadurch die Widerstandskraft des Organismus gegen Krankheiten, Infekte und Viren. Sie stimulieren das Nervensystem, was sich am deutlichsten an Atem, Herz und Blutkreislaufsystem bemerkbar macht.

Nelken sind ein Bestandteil heißer Gewürzmischungen (Garam Masala), jedoch besitzen sie eine kalte Natur. Sie wirken harntreibend und reinigen den Körper von Giftstoffen, beseitigen schlechten Körpergeruch, vor allem üblen Mundgeruch. Äußerlich angewendet helfen Nelken bei Vergiftungserscheinungen, die durch Bisse verursacht wurden, bei Schnitten, Schmerzen und Schwellungen.

Nelken haben eine direkt Wirkung auf das Bewußtsein, das Nervensystem und die Blutgefäße.

Oregano Samen – Ajwain

Oreganosamen wachsen in ganz Indien; sie werden meistens in ayurvedischen Heilmitteln verwendet sowie als Gewürz für Speisen.

Laut Ayurveda sind Oreganosamen appetitanregend, verdauungsfördernd, scharf, bitter, heiß und leicht. Sie vermehren das Verdauungsfeuer und die Galle (Pitta), wirken schmerzstillend, windtreibend, krampflösend, wurmvernichtend und helfen gegen Husten, Hämorrhoiden, Brechreiz und Milzbeschwerden.

Ein Sanskrit-Text beschreibt, daß allein Oreganosamen bereits die Kraft besitzen, hundert verschiedenartige Hülsenfrüchte zu verdauen. Oreganosamen besitzen tatsächlich vielerlei hervorragende Eigenschaften. Sie wirken – wie Asafötida – blähungshemmend und haben – wie der schwarze Pfeffer – die Kraft, das Magenfeuer zu vermehren. Sie besitzen die anregende Eigenschaft der Nelken und wirken – genau wie Zimt – wurmtötend. Wegen dieser vielseitigen Qualitäten werden Oreganosamen (Ajwain) sowohl von ayurvedischen Ärzten, von Hakims, als auch von einfachen Hausfrauen hoch geschätzt. Ajwain hat sich bei Cholera als äußerst wirkungsvoll bewährt, sofern es rechtzeitig, bei den allerersten Anzeichen einer Krankheit verabreicht wurde.

Oregano hat einen antiseptischen Effekt auf den Verdauungskanal. Oreganosamen in einer Pfeife geraucht befreit Asthmapatienten von ihrer Atemnot und hilft auch gegen Zahnschmerzen. Oreganosamenpulver ist auch ein Grundbestandteil ayurvedischer Zahnputzpulver.

Oregano wird indischen Frauen während der Schwangerschaft gegeben, da er sehr nützlich für ihr Wohlbefinden ist; er steigert den Appetit, hilft vorzüglich der Verdauung und reinigt die Gebärmutter. Oregano hilft auch bei Wochenbettfieber.

Nach dem griechischen System ist Oregano heiß und trocken und sollte von heißblütigen Menschen gemieden werden. Laut Hakim Meer Mohammad, dem Autor der berühmten Unani Schriften über Medizin »Makhzan-ul-adviy«, ist Oregano schmerzstillend, anregend, windtreibend und steigert sexuelle Empfindungen wie auch die Zeugungskraft.

Ein Getränk aus Oreganosamen und Rohzucker hilft bei Lähmungserscheinungen und Gebrechlichkeit. Der abgekühlte Sud von in Wasser aufgekochten Oreganosamen eignet sich hervorragend für Augenbäder; er reinigt die Augen, heilt Ohrenkrankheiten und Taubheit.

Oregano hilft bei Funktionsstörungen von Magen, Leber und Milz. Er beseitigt Schluckauf, Brechreiz, üblen Körpergeruch, Aufstoßen, Beschwerden beim Harnlassen und Nieren- und Blasensteine. Oreganosamen, die in Zitronensaft eingeweicht und siebenmal getrocknet werden, heilen Impotenz.

Oregano sollte wegen seiner austrocknenden Wirkung als Gewürz für Speisen, vor allem in heißen Ländern, nur sparsam verwendet werden; dagegen kann er im kalten Klima großzügiger gebraucht werden.

Oreganosamen sollten vor allem für schwer verdauliche Nahrungsmittel verwendet werden, wie beispielsweise für Gerichte aus Kichererbsen und Weizenmehl, bei denen ein Teelöffel Oreganosamen bereits hilft, die Nahrung schneller zu verdauen. Bei Gemüsegerichten wird Oregano meistens nicht verwendet, doch werden sie für nahezu alle Pickles gebraucht und auch als Magenmittel.

Oreganosamen enthalten das essentielle Öl Thymol, das eine rasche Wirkung auf das System ausübt.

Schwarzer Pfeffer

Schwarzer Pfeffer ist leicht, scharf-beißend, heiß und trocken und stark appetitanregend. Er beseitigt Krankheiten, die durch Winde (Vayu) und Schleim (Kapha) verursacht wurden und vermehrt das

Verdauungsfeuer. Schwarzer Pfeffer ist eine Medizin für alle, die an Krankheiten leiden, wie Husten, Asthma, Verdauungsstörungen, Erkältungen, übermäßiges Schlafbedürfnis, schwaches Verdauungsfeuer und Verstopfung. Schwarzer Pfeffer ist stimulierend und entwässernd; er enthält alle fünf Elemente in völlig ausgewogenem Verhältnis und in einer Weise, die den Körper dazu anregt, die im System bereits vorhandenen Chemikalien und Nährstoffe erneut zu aktivieren, wobei die Zufuhr neuer Nahrungsmittel überflüssig wird. Wegen dieser Eigenschaft halten Yogis den schwarzen Pfeffer für das vollkommenste Nahrungsmittel, das die Natur uns schenkt.

Die Verwendung des schwarzen Pfeffers bei Gemüsen und anderen Nahrungsmitteln hilft der Verdauung und macht die Gerichte schmackhaft. Übermäßiger Gebrauch von schwarzem Pfeffer ist schädlich für Studenten und jene Menschen, die ihre Gedächtniskraft steigern wollen. Es wird empfohlen, bis zu 7 schwarze Pfefferkörner fein pulverisiert (im Mörser zerreiben) mit 1 Teel. Honig gut zu vermischen und regelmäßig als erstes Nahrungsmittel am Morgen zu verwenden. In dieser Form kann der Pfeffer am besten vom Verdauungssystem aufgenommen werden, er wirkt als Tonikum und liefert ausgewogene Sattva-Energie.

Schwarzer Pfeffer wirkt wurmvernichtend und schmerzstillend. Wird er im Übermaß verwendet, regt er die Galle (Pitta) zu stark an. Schwarzer Pfeffer hilft der Fettverdauung und wird deshalb für Speisen empfohlen, die mit viel Ghee (gereinigter Butter) oder Öl zubereitet werden. Für Galle (Pitta) dominierte Menschen und jene, die an Unterleibsschwierigkeiten leiden, hat ein aus schwarzen Pfefferkörnern bereiteter Tee eine wohltuende Wirkung. Die regelmäßige Anwendung dieses Tees mit Honig heilt chronische Ruhr. Der Tee öffnet die Poren von Magen und Eingeweiden, er vermehrt das Verdauungsfeuer und befördert alte Ablagerungen aus den Darmwänden. Dieser Tee reinigt auch die Luftröhre und entfernt den Schleim aus Lungen und Brustbereich. Da der Tee Hitze erzeugt, wird der Kreislauf aktiviert, was die Lungen anregt das System von Abfallprodukten und übermäßigem Schleim zu befreien.

Eine Mischung aus gemahlenem schwarzen Pfeffer mit Ghee,

Honig oder Rohzucker heilt – regelmäßig genommen – alle Arten von Husten. Wird schwarzer Pfeffer bei den ersten Anzeichen einer Erkältungskrankheit genommen, kann diese verhindert werden. In diesem Fall nimmt man den gemahlenen schwarzen Pfeffer mit Jaggery (siehe auch Kapitel »Süßmittel«) und Joghurt.

Tee, aus schwarzem Pfeffer bereitet, senkt Fieber:

1 Teel. (etwa 15 Stück) schwarze Pfefferkörner werden in einem halben Liter Wasser kalt angesetzt und gekocht, bis sich das Wasser auf ein Viertel der ursprünglichen Menge reduziert hat. Mit einem Teelöffel Rohzucker trinken.

Dieser Tee bringt den Patienten zum Schwitzen und senkt dadurch die Temperatur.

Der schwarze Pfeffer-Tee hilft gegen Krankheiten von Kehle und Mund und heilt Schwellungen des Zahnfleisches, wenn dieses damit massiert wird. Der Tee heilt auch Hautkrankheiten.

Gesunde Menschen sollten nicht mehr als 9 schwarze Pfefferkörner pro Tag regelmäßig verwenden. Ausnahmen sind Krankheitsfälle, wo auch die Pfeffer-Honig-Mischung bis zu vier-mal täglich eingenommen werden kann.

Safran – Keshar

In Indien wird Safran neben seiner aromatischen Qualitäten vor allem wegen seiner Heilkraft geschätzt. Er dient weitgehend als Aroma- und Farbstoff für Süßspeisen und Delikatessen, aber auch für würzige Curry-Gerichte.

Einen besonderen Platz nimmt der Safran bei religiösen Zeremonien ein, wo er als Zusatz bei der Herstellung einer Sandelholzpaste verwendet wird. Diese Sandelholzpaste mit Safran und Kampfer wird vor der Meditation auf die Stirn aufgetragen.

Safran wächst in vielen Gebieten der Himalayas. Besonders berühmt ist der Anbau und die Qualität des Safrans im Gebiet von Kashmir. Allerdings werden auch große Mengen an Safran von Spanien nach Indien importiert, wo er größtenteils für Heilzwecke verwendet wird, aber auch als Gewürz, Duft- und Färbemittel von Speisen dient. Echten Safran erkennt man daran, daß er – in

Wasser aufgelöst – auf weißem Stoff einen gelben Flecken hinterläßt, während künstlicher Safran einen orangefarbenen oder roten Flecken hinterläßt, der sich erst später gelb färbt.

Laut Ayurweda ist Safran bitter, scharf, aromatisch und heiß. Er wirkt antiseptisch, wurmvernichtend, leicht abführend, harntreibend, stärkend und befreit von trockenem Husten, beseitigt Kopfschmerzen, Schmerzen in der Kehle, brennende Empfindungen, Beschwerden während des Harnlassens und wirkt positiv auf Leber, Milz und Kopfbereich. Safran enthält unter anderem auch Jod, er gilt als starkes Anregungsmittel und vermehrt das Magenfeuer.

Nach dem griechischen Medizinsystem heilen Safran-Blätter Schwellungen und helfen gegen Gicht und Gliederschmerzen. Die Pollen der Pflanze werden Safran genannt. Er ist bitter, aromatisch, leicht laxativ, steigert die Zeugungskraft, vermehrt die Muttermilch und wirkt leicht berauschend.

Safran war vor allem in Tibet sehr verbreitet. Wegen seiner hitzeerzeugenden Eigenschaft eignet sich Safran besonders für kaltes Klima.

Männern verleiht Safran mehr Zeugungskraft, Vitalität und Ausdauer. Es gibt kein Gewürz, das dem Safran als sexuelles Anregungsmittel gleichwertig ist.

Safran enthält ätherisches Öl, das – äußerlich wie innerlich angewendet – wie alle ätherischen Öle direkt auf das Zentralnervensystem wirkt und für die aphrodisierende Eigenschaft des Safrans verantwortlich ist.

Safran wirkt ausgezeichnet bei Wahnsinn und allen Krankheiten, die durch psychische Störungen, geistigen Streß bzw. durch Überanstrengung verursacht wurden.

Safran reguliert die Menstruation und befreit von Frauenschmerzen. Dazu wird er pulverisiert und zu einer dicken Paste verarbeitet, aus der sich ein kleines linsengroßes Bällchen formen läßt, das in die Vagina eingeführt wird.

Safranpaste, auf die Brust aufgetragen, vermehrt die Muttermilch der Wöchnerin; auch heilt sie derart Erkältungskrankheiten und Lungenentzündung.

Safranpaste, auf die Stirn aufgetragen, beseitigt Schmerzen und Verspannungen.

Der regelmäßige Gebrauch von Safran in Süßspeisen und anderen Gerichten dient – besonders im kalten Klima – der Gesundheit.

Tamarinde

Tamarinde ist kalt und trocken. Sie beseitigt Verstopfung, irritiert wegen ihres Säuregehalts die Kehle und schwächt das Blut. Tamarinde wirkt ausgezeichnet gegen Krankheiten, die durch zu viel Hitze im Körper oder ein Übermaß an Galle verursacht wurden. Tamarinde hift sehr gut bei der Heilung von Fehlfunktionen der Leber, bei Gelbsucht oder Cholera. Da Tamarinde die Kehle reizt, sollte sie von Schleim (Kapha) dominierten Menschen gemieden werden. Doch als Medizin hat sie eine hervorragende Wirkung.

Reife Tamarinde beseitigt während heißer Sommertage Durst und Trockenheit der Kehle. Ein kaltes Getränk aus Tamarinde schützt das System vor übergroßer Hitze; dafür werden 50 g Tamarinde in zwei Litern Wasser eingeweicht und aufgelöst und mit etwas Rohzucker gesüßt. Das Getränkt heilt auch Magenbeschwerden sowie einen verdorbenen Magen.

In heißen Ländern wird Tamarinde in verschiedenster Weise verwendet. Sie hat einen hohen Vitamin C-Wert und heilt Skorbut. Aus diesem Grunde ist sie sehr nützlich für Matrosen, Schiffsreisende, Menschen, die in Meeresnähe wohnen oder in klimatisch feuchten Gebieten.

Die übermäßige Verwendung von Tamarinde führt mitunter zu Durchfall und Krämpfen. Sobald diese Anzeichen auftreten, sollte der Gebrauch von Tamarinde eingestellt werden.

Die Samen der Tamarinde sind gut gegen Samen-Krankheiten bei Männern, wenn beispielsweise der Samen zu dünn ist, oder der Samenerguß nicht zurückgehalten werden kann und vorzeitig eintritt, oder gegen nächtliche Samenergüsse.

Tamarinden-Konzentrat ist eine Medizin bei vergrößerter Milz und beendet auch Erbrechen.

Tumerik – Haldi

Tumerik, auch Gelbwurz genannt, ist heiß und trocken, leicht und beißend scharf. Tumerik reinigt das Blut und beseitigt ein Übermaß an Schleim (Kapha) und Gasen (Vayu), die sich im Magen oder in den Därmen angesammelt haben. Tumerik enthält unter anderem Jod und wirkt appetitanregend, schmerzstillend und wurmtötend; er heilt Gelbsucht, Entzündungen, Hautkrankheiten, Juckreiz, Hautausschlag und Diabetes, er hilft bei Beschwerden in der Gebärmutter und reinigt die Muttermilch.

Tumerik hat eine desinfizierende Wirkung und kann – genau wie Bockshornklee – sowohl innerlich, wie auch äußerlich, angewendet werden. Tumerik hilft bei Zahnschmerzen und Zahnfleischentzündungen, zusammen mit einer Prise Salz und einigen Tropfen Senföl ergibt er ein hervorragendes Zahnputzpulver.

Tumerik heilt Augenkrankheiten und Beschwerden der Stirnhöhle sowie Samenfluß bei Männern und weißen Ausfluß bei Frauen. In Indien verwendet man Tumerik gegen alle Arten von Schwellungen. Tumerik kann – in Form einer Paste (zusammen mit etwas Kichererbsenmehl und Senföl) – anstelle von Seife benutzt werden; diese Mischung reinigt schonend die Haut, gibt ihr Glanz und Glätte und verschönt den Hautton.

Tumerik ist ein Grundbestandteil des Masala, mit dem Gemüse-Curries und Dal-Gerichte zubereitet werden. Als Gewürz sollte er jedoch niemals roh verzehrt werden.

Zimt – Dalchini

Zimt wächst in den Himalayas, in Ceylon und Malaya. Der Zimtbaum ist mittelgroß und grün, er hat eine dicke, weiche Rinde von leicht brauner Farbe, seine Blätter sind von länglich-runder Form – gleich einem Speer – und etwa 7,5 bis 20 cm groß.

Im Handel sind vier Arten von Zimtrinde erhältlich:

1) Chinesischer Zimt

wird aus China importiert; er ist stark ölhaltig, dünnschichtig und khakifarben.

2) Tajrinde
wächst in West- und Südindien und enthält kein Öl – nur die Rinde wird bei der Herstellung ayurvedischer Arzneien verwendet.

3) Ceylon-Zimt
wächst strauchartig und wird von den zarten Zweigen der Zimtsträucher gewonnen. Er ist dünn, von roter bis brauner Farbe und besitzt starken Geruch und Aroma. Ceylon-Zimt ist stark ölhaltig und wird für Ölauszüge und zur Herstellung ayurvedischer Arzneien verwendet.

4) Rinde des Lorbeerbaumes.
Von all den aufgezählten Zimtarten eignen sich der chinesische Zimt und der Ceylon-Zimt am besten für die Zubereitung von Arzneien und als Gewürz.

Laut Ayurweda ist die Zimtrinde bitter, heiß, scharf-beißend, süß, leicht und trocken, aromatisch, blutreinigend, wurmvernichtend, sexuell anregend, körperstärkend; er vermindert Schleim und heilt den Humor des Windes (Vayu). Zimt ist verdauungsfördernd, aphrodisierend, er stimuliert den Bauch, vermehrt weiße Blutkörperchen, ist schmerzstillend, durststillend, beseitigt schlechten Geschmack und üblen Mundgeruch, heilt Hautjucken, brennende Empfindungen in der Luftröhre, Herzkrankheiten, Durchfall und Krankheiten im Anusbereich.

Zimtöl ist schmerzstillend, blutstillend, heilt Mittelohrentzündung, Erbrechen und Durchfall und überdeckt schlechten Geschmack. Auch ist es antiseptisch und wurmvernichtend, es wirkt phantastisch auf das Zahnfleisch und heilt Zahnschmerzen. Massage mit Zimtöl heilt Rheumatismus und Nervenschmerzen.

Zimt, als Gewürz in Speisen verwendet, regt die Schleimmembrane der Gedärme an und erzeugt dadurch Hunger und Appetit. Heiß im Nachverdauungsprozeß, hilft er Därmen und Magen die Gase ordentlich auszuscheiden.

Zimt enthält ätherische Öle und gelangt rasch in den Blutstrom, er hilft dem Körper, eine gleichmäßige Temperatur zu halten, steigert die Gedächtniskraft und hilft gegen Ohrenschmerzen.

Die Verwendung von Zimt wird Frauen – vor allem nach der Entbindung – empfohlen, er stillt die Blutungen und reinigt das Innere der Gebärmutter.

Zimt hilft gegen zu starke Menstruationsblutungen.

Schwangere Frauen sollten Zimt jedoch nur in geringen Mengen verwenden, da Zimt – im Übermaß verwendet – eine Fehlgeburt auslösen kann.

Zwiebeln

Zwiebeln sind heiß und ölig in geringem Maße. Sie entschleimen den Verdauungstrakt und vor allem den Magen. Zwiebeln sind ein Aphrodisiakum. Sie schärfen die Sehkraft, sind harntreibend und fördern die Milch- und Samenbildung im Körper. Zwiebeln sind gut für Menschen von kaltem Temperament sowie für alte und kranke Menschen. Wegen ihrer Hitze erzeugenden Eigenschaft sind sie ein ausgezeichnetes Nahrungsmittel in kaltem Klima und nördlichen Breitengraden.

Zwiebeln enthalten ätherische Öle, in denen Sulfurverbindungen, Flavonglykosid, Vitamin C, Frutosane und Pektin zusammen mit anderen nützlichen Chemikalien vorhanden sind. Zwiebeln regulieren die Funktionen des Magens und der Därme, sie helfen gegen Nierenbeschwerden, Entzündungen der Luftröhre, Anämie und Wassersucht. Sie wirken wurmvernichtend und helfen bei Insektenstichen, kleinen Verbrennungen, Abszessen und Rheumaleiden. Zwiebeln senken den Blutzuckerspiegel und sind deshalb gut für Zuckerpatienten. Sie vermehren den Schleim (Kapha) und geben dem Organismus Vitalität und Widerstandskraft. Vor allem für Menschen, die viel reisen, sind Zwiebeln ein besonders nutzvolles Nahrungsmittel. Zwiebelauflagen bringen Beulen zur Eröffnung und sind ein hervorragendes Mittel gegen Erkältungskrankheiten.

In Indien sagt man: »Solange weiße Zwiebeln im Hause sind, wagt sich keine Schlange hinein.« Dieser Ausspruch unterstreicht nicht nur die Wichtigkeit, Zwiebeln stets im Hause zu haben, sondern auch die Wichtigkeit ihres regelmäßigen Gebrauchs.

Zwiebeln haben eine tamasische Natur. Ihrem schlechten Geruch kann abgeholfen werden, indem man nach der Mahlzeit ein bis zwei grüne Kardamomsamen zerkaut. Zwiebeln sollten, wie schon erwähnt, in heißen Ländern gemäßigt verwendet werden, hingegen sind sie in kalten Gegenden äußerst nützlich.

Pickles

Alle Arten von Pickles erzeugen Kälte, Husten und Halsbeschwerden. Ausnahmen bilden der Zitronenpickle, in Zitronensaft eingelegter Ingwerpickle und in Essig angesetzte Pickles. Hals- und Nasenpatienten sollten Pickles generell meiden, als wären sie Gift. Gesunde Menschen können jedoch zwei- bis dreimal wöchentlich fünf bis zehn Gramm Pickle pro Person problemlos zu sich nehmen. Pickles schmecken sehr pikant und werden hoch geschätzt, da sie alle sechs Geschmackrichtungen – süß, sauer, salzig, bitter, scharf und metallisch – zu bieten haben. Die meisten Pickles aber besitzen einen überwiegend sauren Geschmack; eine Geschmacksrichtung, die vom Organismus am wenigsten benötigt wird. Aus diesem Grunde sollte man Pickles nur gelegentlich verwenden. Bei Krankheitsfällen sollten Pickles jeder Art gemieden werden. Der saure Geschmack hilft lediglich bei Verdauungsstörungen, Sodbrennen und Appetitlosigkeit.

Männer sollten den sauren Geschmack nicht übermäßig viel gebrauchen. Er verdünnt den Samen und schwächt die Kraft der Samenverhaltung. Die Wirkung von Vitamin C auf den Samen wurde auch von Medizinern untersucht und bestätigt. Viele religiöse Orden empfahlen ihren spirituellen Aspiranten seit jeher, dem sauren, bitteren und scharfen Geschmack weitgehendst zu entsagen. Im alten Indien empfahl man dies auch den Studenten.

Eine Ausnahme bilden jedoch Zitrone und Ingwer, die »gepikkelt« (eingelegt) dem System nicht schaden. Beide unterstützen den Verdauungsvorgang. Trotzdem sollten auch sie nicht öfter als zwei- bis dreimal in der Woche zu den Mahlzeiten gegessen werden. Zubereitungen der Pickles sind dem Rezeptteil zu entnehmen.

BEZUGSQUELLEN

Die meisten der in den Rezepten verwendeten Zutaten und Gewürze finden Sie problemlos an den Gewürzständen auf Gemüsemärkten, in Delikateßgeschäften, Reformhäusern, Naturkostläden, aber auch in gut sortierten Regalen von Einkaufsmärkten und Kaufhäusern. Sollten Sie trotzdem die eine oder andere Zutat nicht finden können, teilen wir Ihnen gerne Versandhändler mit. Senden Sie einfach einen ausreichend frankierten und adressierten Rückumschlag an den Verlag:

Windpferd Verlag
"Ayurwedisch Kochen"
Postfach
D-87648 Aitrang

Vasant Lad

Das Ayurweda Heilbuch

Eine praktische Anleitung zur Selbst-Diagnose-, Therapie und Heilung mit dem ayurwedischen System

Diese praktischen Anleitungen zur Selbst-Diagnose-, Therapie und Heilung beruht auf einem jahrtausendealten System, auf der "Wissenschaft vom Leben". Neben den philosophischen Grundlagen dieses östlichen Medizinsystems enthält dieses Heilbuch viele Diagnose und Behandlungsmöglichkeiten, Ernährungshinweise und Ratschläge zur Lebensführung sowie das Wissen um die Wiedererlangung und Erhaltung der Gesundheit.

192 Seiten, DM 19,80
ISBN 3-89385-003-1

Vasant Lad /David Frawley

Die Ayurweda Pflanzen-Heilkunde

Das Yoga der Kräuter Anwendung und Rezepte ayurwedischer Pflanzenheilmittel

Dieses Buch stellt die ayurwedische Pflanzenheilkunde als eine hierzulande praktizierbare Naturheilmethode vor. Beim Ayurweda werden die pflanzeneigenen Energien individuell den menschlichen "Konstitutionen" zugeordnet und entsprechend angewendet. Das Buch ist auf praktische Anwendung ausgerichtet und gibt Diagnoseanleitungen und Rezepturen mit bei uns heimischen oder gebräuchlichen Pflanzen.

320 Seiten, DM 24,80
ISBN 3-89385-002-3